스포츠 리터러시 교육론

SPORT LITERACY PEDAGOGY 최의창

Rainbow
BOOKS

스포츠 리터러시 교육론
Sport Literacy Pedagogy

인 쇄   2023년 06월 23일
발 행   2023년 06월 30일

지은이   최의창

발행처   레인보우북스
주 소   서울특별시 관악구 신림로 75 레인보우B/D
전 화   (02) 2032-8800
팩 스   (02) 871-0935
E-mail   min8728151@rainbowbook.co.kr
홈페이지   www.rainbowbook.co.kr

ISBN   978-89-6206-534-3 (93690)
값   15,000원

스포츠
리터러시
교육론

SPORT LITERACY PEDAGOGY

Sport Literacy Pedagogy

by

Euichang Choi, PhD

..... 사정이 이러한 것은, 교육과정 모형[교육론]이 상대하는 것은 궁극적인 문제, 즉 사람이란 어떻게 살아야 하는가 하는 문제이기 때문이다. 이 문제에서 모든 사람을 만족시키는 단일 대답, 단일 모형이 존재하리라고 생각할 수는 없지 않은가? ..... 어떤 모형에 마음이 끌리는가 하는 것은, 그 사람이 어떤 사람인가 하는 것과 무관하지 않다. 한 사회에서 어떤 모형이 득세하는가 하는 것은, 그 사회가 어떤 사회인가 하는 것과 무관하지 않다고 말할 수도 있다.

- 조영태, 『교육과정모형론(I)』

일이관지의 스포츠교육론

1

매일 매일, 그리고 인생의 전 기간에 걸쳐, 남녀노소 모든 이들이 참여하고 있는 활동이 있다. 21세기 들어 우리 한국인에게도 숨 쉬고 밥 먹고 옷 입고 잠자는 것과 동급의 일상적 활동이 되었다. 신체활동 하기다. 운동하기, 스포츠 하기다. 새벽에 하는 둔치 달리기, 오후에 하는 자전거 하이킹, 퇴근 후의 피트니스 운동, 주말의 동호인 야구경기, 틈날 때 하는 요가 등. 온갖 종류의 신체활동이 나이의 노소나 성별의 남녀에 상관없이 모든 이들의 일상사로 자리 잡은 것이다.

이 모든 신체활동들을 하는 것에는 당연히 이것을 가르치고 배우는 과정이 가정되어 있다. 운동하는 법과 스포츠 기술을 배우지 않으면 어떻게 제대로 할 수 있겠는가? 당연히, 스포츠 가르치기가 전제되어야만 하는 것이다. 그러니 운동 가르치는 일을 하는 이가 가장 흔하게 볼 수 있는 직업군이 되어있는 것이다. 체육교사, 센터강사, 클럽코치 등등 운동기술을 가르치는 것은 그림 그리기나 악기 다루기처럼 일정 수준 이상의 전문성이 필요한 직역으로 인식되고 있다. 스포츠 가르치기의 직업화는 빠르게 진행되는 중이다.

그런데, 스포츠를 가르치는 과정, 배우는 과정에 대한 본격적인 관심은 그에 미치지 못한다. 물론 자격증 취득과 관련된 관심은 매우 높고

많다. 축구, 야구, 달리기 기술을 어떻게 지도하는지에 대한 세부적인 제안들은 이미 차고 넘친다. 스포츠 초보나 운동꽝들이 어떠한 배움의 과정을 거쳐 운동마니아가 되었는지에 대한 자전적 스토리텔링도 우후죽순처럼 쏟아지고 있다. 이런 상황에서 내가 말하는 본격적인 관심은 자기체험에 근거한 경험적 이야기 나눔보다는 한 걸음 더 깊이 들어간 고민과 성찰들이다.

그 일은 나 같은 스포츠교육전문가의 몫일 것이다. 학술적 차원의 연구, 이론적 개념의 탐구, 그것의 현장실천에의 적용 등을 오랫동안 해온 이들이야말로 이같은 본격적인 관심을 기울여 온 당사자들이기 때문이다. 그렇지만, 안타깝게도 아직은 미흡한 수준, 아니 거의 시작이라고 하지도 못할 수준이라고 생각된다. 다행히 학교체육에서의 스포츠 지도에 관해서는 21세기가 시작되자마자 진지한 관심은 물론이고 현장에서의 적용과 성과가 본격화되고 있다고 말할 수 있다. 앞으로도 계속될 것을 확신한다.

2

스포츠교육이라고 하는 관점에서 생활체육과 전문체육 분야, 통상적으로 스포츠코칭이라고 부르는 영역에는 본격적인 관심이 아직 일천하다. 나는 스포츠교육전문가로서 오랫동안 이 점을 안타깝게 생각하고, 또 나의 능력 부족에 대해서 한탄스러워했다. 다행히도 서양 외국, 특히 영국을 포함한 유럽 국가들에서는 지난 이십여 년간 이런 방향으로의 성찰과 연구가 본격적으로 진행되어 오고 있다. 스포츠코칭에 대한 스포츠교육학적 관심이 빠르게 올라오고 있으며 실제적 성과들이 여기저기 드러나고 있다.

나는 이런 경향들을 꾸준히 지켜보아오면서 나만의 문제의식을 키울 수 있었다. 지난동안 그것에 근거해서 새로운 스포츠교육 철학과 용어, 그리고 실천모형도 마련하게 되었다. 나는 사범대학을 다니고 교육학 공부의 출발을 학교체육과 체육교육으로 시작하였다. 이후 생활체육과 전문체육에서도 스포츠 가르치기는 실천되고 있음을 자각하고 나서는, 또 학교체육의 체육교육론과 전문체육과 생활체육의 스포츠교육론이 서로 공유하는 부분이 전혀 없음을 발견하고 나서는, 체육 또는 스포츠를 망라하는 이 세 분야를 공히 아우르는 스포츠교육론에 대하여 모든 관심을 쏟게 되었다.

그리하여, 가장 먼저 나는 학교체육, 생활체육, 전문체육의 구분 없이, 각각의 특징적 상황에 구애받지 않는 일반론적인 스포츠교육의 개념과 모형을 희망하기 시작한 것이다. 일이관지 一以貫之의 스포츠교육론을 찾게 된 것이다. 스포츠 가르치기의 모양과 맥락이 조금 다르더라도, 본질적으로 이 세 영역에서 하는 일은 그 성격이 동일하다. 즉, 신체활동을 전달하고 전달받는 것이다. 가르치는 이의 몸과 마음에 있는 스포츠를 배우는 이의 몸과 마음에 제대로 안착시키는 일을 하는 것이다.

그리고, 나는 이 일을 교육학적 관점에서 해보려고 하였다. 일반교육학의 이론과 개념과 실천 방안들로부터 많은 시사점을 얻어내려고 하였다. 스포츠코칭에 대해서는 통상적으로 스포츠심리학이 소유권을 주장하고 있었고, 경기력 향상을 위한 자연과학적 개념들의 보조적 관여가 있었다. 교육학적 관점은 가장 먼저 코칭을 트레이닝을 넘어서 에듀케이팅으로 이해하는 것에서 시작한다. 그래서 스포츠코칭이라는 표현보다는 스포츠교육이라는 용어를 사용하는 것이다.

마지막으로, 나는 이 모든 일을 인문적으로 접근해 보려고 하였다. 스포츠 가르치기를 교육학적으로 살펴보면서, 인문적 접근이라고 하는 대안적 아이디어를 발전시켜내었다. 스포츠 가르치기는 심리학을 포함하여 생리학, 물리학, 영양학 등 과학적 접근의 독점 영역으로 이해되고 있었다. 나는 문학적, 역사적, 철학적, 예술적, 종교적 시각과 내용으로 스포츠 가르치기를 새롭게 펼쳐내려고 노력했다. 온전한 스포츠(호울 스포츠)를 제대로 가르치기 위해서는 스포츠 기능의 과학적 전달로서는 부족하다. 실천전통, 문화활동으로서의 스포츠는 인문적 차원의 적극적 탐구와 체험으로서 제대로 배울 수 있음을 확인시켜 주려고 하였다.

스포츠 가르치기(스포츠교육)에 관해서 생각할 때 가장 먼저 떠오르는 사안은 "어떻게 잘 가르칠 것인가"일 것이다. 그리고 구체적인 지도방법과 기법들에 대해서 이야기와 제언이 나누어진다. 인지상정이다. 그런데, 이 작은 책은 그런 일을 하기는 힘에 부친다. 이 책에서는 내가 생각하기에 그것보다 우선인 일, 먼저 물어져야 하는 세 가지 큰 질문들을 던지고 그에 대하여 이리저리 살펴보면서, 최종적으로 내가 생각하는 대답을 들려주는 작업에 한정한다. 다소 단도직입적으로 중요 사안들만을 훑어보는 것이다.

그 세 가지 질문은 다음과 같다 ― 내용이란 무엇인가? 방법이란 무엇인가? 그리고 목적이란 무엇인가? 나는 스포츠교육의 근본 질문을 이세 가지로 축약하며, 이것들에 대한 대답을 찾는 과정이 바로 스포츠교육론을 세워나가는 과정이라고 확신한다. 내가 찾은 대답은 스포츠교육의 내용은 실천전통으로서의 호울 스포츠, 방법은 직접 교수와 간접 교수의 퍼스닉, 그리고 목적은 신체활동 즐기기로 요약할 수 있다. 제2장, 제3장, 제4장은 이 각각을 순서대로 다룬다. 제1장은 이 각각의 어젠더들을 하나로 꿰뚫는 스포츠 리터러시의 개념을 먼저 소개하며, 왜 이 책의 제목이 『스포츠 리터러시 교육론』Sport Literacy Pedagogy, SLP인지를 알려준다. 제5장은 스포츠 가르치기를 스포츠교육이라고 부르며, 스포츠교육의 최고 이상으로서의 스포츠 파이데이아의 아이디어를 소개한다.

―――――

3

나는 이 일을 함에 있어서 그리 뛰어나지도 친절하지도 못했음을 고백한다. 상세하고도 자세한 설명을 체계적이고 재미있는 방식으로 진술하지 못했다. 한편으로는 능력의 부족, 다른 한편으로는 성마른 천성 때문이다. 오랜 시간 동안 진중하니 생각을 익히고 표현을 다듬는 성정을 타고나지 못한 탓이다. 논의를 급격히 진행시키고 사례를 충분히 제시하지 못한 곳들이 넘쳐난다. 나의 의견을 밝히고 전달하는 것이 급선무가 된 곳이 난무한다. 또 이전에 여러 곳에서 이미 언급하고 사용한 논리와 사례와 비유들이 지천이다. 수준 낮은 저자로서 독자 여러분의 양해를 구하는 것 이외에는 달리 이 난국을 벗어날 방법을 모르겠다.

다만, 부실 공사의 변이 아주 없는 것은 아니다. 나는 이 책에서 처음으로 그동안 여기저기 흩어져있던 나의 스포츠교육론, 여기서 이름한 "스포츠 리터러시 교육론"의 전모를 한 자리에서 그려보았다. 그동안 퍼즐 맞추듯 이리저리 파편적으로 흩어진 조각들을 모아 큰 성과도 없이 여기저기 빈곳 투성이의 모자이크를 맞춰보려던 열성 독자들이 계셨다. 나의 조급한 마음은 이분들의 곤란함을 조금이라도 일찍 해소시켜드리려는 충정의 발로였음을 조심스럽게 말씀드려본다. 비록 충분하지는 않지만, 독자들에 대한 약간의 보답이 되기를 노심초사 희망할 뿐이다.

최 의 창

2023. 6

목 차

서문: 일이관지의 스포츠교육론 / 6

Chapter 1 _ 스포츠 리터러시 교육론 / 15

Chapter 2 _ 스포츠교육의 내용 / 49

Chapter 3 _ 스포츠교육의 방법 / 79

Chapter 4 _ 스포츠교육의 목적 / 115

Chapter 5 _ 스포츠 파이데이아 / 143

요약 문답 / 173

결어: 스포츠 잘 가르치기 / 182

찾아보기 / 189

Chapter **1**

스포츠 리터러시 교육론

1 ── 스포츠 가르치기

지금 세상에 아무도 부인할 수 없는 사실이 하나 있다. 스포츠는 이제 일상이다. 일상의 붙박이다. 우리 생활의 필수 부분이며, 그래서 동네 곳곳에 없는 곳이 없다. 농구, 축구, 야구 같은 스포츠만 이야기 하는 것이 아니다. 피트니스, 엑서사이즈, 요가, 필라테스, 발레, 달리기 등등 온갖 종류의 신체활동 전부를 이야기하는 것이다. 나는 이하 이 모든 신체활동들을 뭉뚱그려 스포츠라고 부르겠다. 때에 따라서는 운동이라고도 부르겠다(혹시라도 문맥 상 구분이 필요할 때, 즉 하나의 종목을 지칭할 때에는 작은 스포츠라고 칭하겠다).

이러니 스포츠 가르치기가 일상인 것은 당연한 일이다. 우리 주변의 온갖 장소, 사방팔방에서 스포츠 가르치고 배우기가 진행되고 있다. 체육관, 운동장, 피트니스짐, 강변 둔치, 체육공원 등등 관련된 장소는 물론 시설도 생활의 일부분으로, 기본시설로 가정되고 있다. 특별한 것, 특정 그룹에만 해당되는 것이 아니라, 모든 사람들에게 당연한 것으로 여겨지고 있는 것이다. 스포츠와 스포츠 가르치기는 밥먹는 일과 같은 보통의 일, 매번 해야 하는 일로 우리의 하루하루 삶 속에 붙박이게 되었다.

나는 여기서 스포츠 가르치기에 관해서 이야기를 해보려고 한다. 스포츠 가르치기를 교육적인 관점에서 탐색해보려고 한다. 스포츠를 가르치는 행위는 간단해 보인다. 어떤 종목(예, 축구)을 어떻게 실행하는지, 즉 운동기술 방법을 배우는 이에게 전달하여 습득하도록 돕는 일이지 않은가? 그 종목의 게임을 구사하도록 지도하는 일이지 않은가? 달리기를 잘 하도록, 스키를 잘 타도록, 수영을 잘 하도록 옆에서 지도하는 일 아닌가? 그리고, 가르치는 일을 이렇게 생각하는 것 자체가 바로 교육적인 관점으로 보는 것 아닌가?

그렇기도 하지만, 그렇지 않기도 하다는 것이 나의 주장이다. 나는 여기서 그런 주장을 펼쳐보이는 것이다. 나는 "스포츠 가르치기"가 겉으로 보이듯, 또는 상식적으로 생각하듯, 그렇게 간단하고도 명확한 행위가 아니라는 것을 들춰내보이고자 한다. 이 일은 그것 자체로 쉬운 일이 아니다. 재미있는 일도 아니다. 이 일은 성격상 분석적이며, 개념적이며, 철학적일 수밖에 없는 종류의 작업이다. 한 마디로, 읽고 생각하는 재미가 넘치는 일은 못된다.

예를 들면, 나는 여기서 "스포츠(농구)를 어떻게 가르치는가?" 또는 "어떻게 해야 (배구를) 잘 가르치는가?"를 묻지 않는다. 이런 질문을 다루는 책들은 이미 넘쳐나고 좋은 책들도 여럿이다. 대신에 나는 "스포츠를 가르친다는 것은 무엇인가?" 그리고 "왜 스포츠를 가르치는가?"를 묻고 그에 대해서 내가 지난 동안 찾은 답을 적어보려고 한다. 나는 다른 기회를 통해서도 지속적으로 이 일을 해왔으며 여전히 해오고 있다. 다만, 여기에서는 이 일에 보다 집중해서, 좀더 집중적으로, 개념적이기는 하지만 조금 덜 학문적인 방식으로, 그 생각을 전달해보려고 한다. 간단히 말해, 나는 여기서 한 가지 스포츠교육론을 자세히 살펴보고자 한다.

스포츠교육론이란 무엇인가? 편의상 일단 "스포츠 가르치기에 관한 교육적 논의"를 스포츠교육론이라고 부르자. 스포츠 가르치기에 관한 교육적 논의에는 교육목적, 교육내용, 교육방법, 교육대상, 교육주체 등이 기본 소재가 된다. 내가 소개하려하는 스포츠교육론은 "스포츠 리터러시 교육론"이라고 부를 수 있는 것이다. "스포츠 리터러시"를 핵심으로 하는 교육론이기 때문이다. 스포츠 리터러시가 스포츠 가르치기에 있어서 중심이 되는 개념이기 때문이다. 이것을 중심으로 해서 목적, 내용, 방법 등에 관한 이야기가 진행되기 때문이다.

2 ──── 스포츠 리터러시 교육론

"스포츠 리터러시" sport literacy, sporacy 는 운동소양 運動素養 또는 운동향유력 運動享有力 으로 부른다. 이것은 내가 공들여 찾아낸 개념이요 용어다[1]. 창안이나 제창이란 단어는 너무 거창하다. 스포츠 가르치기, 내

───
[1] "스포츠 리터러시"라는 용어를 처음으로 사용한 것은 2010년 여름 한국초등체육학회 하계발표회였다. 이후 학회나 연수회 등 여러 맥락에서 다양한 방식으로 이 개념을 소개하였고, 이것들을 한 곳에 모아 최의창(2018) 스포츠 리터러시로 가시화시켰다. 이 개념은 그 당시 국제적 관심을 한 몸에 받아 부각되고 있던 "신체소양" *physical literacy* 이라는 체육교육의 새로운 개념과 용어에 대응

가 생각하고 지향하는 스포츠교육을 가장 간명하고도 효과적으로 전달하기 위해서 발견해낸 개념이자 단어다. 스포츠 가르치기는 스포츠 리터러시 기르기다. 스포츠를 가르치면 스포츠 리터러시가 길러진다. 스포츠를 가르치는 목적은 스포츠 리터러시를 함양하기 위함이다.

스포츠 리터러시(스포러시, 운동소양, 운동향유력)는 무엇인가?[2] 운동소양은 운동을 잘 하고, 잘 알고, 잘 느낄 수 있는 자질이다. 운동을 잘 하고 잘 알고 잘 느끼는 자질은 각각 운동능, 운동지, 운동심이라고 부른다. 운동소양을 이루는 세 가지 요소다. 운동향유력은 운동을 향유, 즉 즐길 수 있는 능력을 말하며, 하는 것으로 향유, 아는 것으로 향유, 느끼는 것으로 향유할 수 있는 자질이다. 각각 능향유, 지향유, 심향유라고 부른다. 운동능, 운동지, 운동심으로 능향유, 지향유, 심향유를 하게 되는 것이다.

스포츠 리터러시는 운동소양과 운동향유력으로 동시에 옮겨진다. 이것은 스포츠 리터러시라는 영어적 표현의 한계(반대로 보면, 장점) 때문이다. 스포츠 리터러시는 정적인 상태와 동적인 상태의 두 상태에 동시에 사용되는 용어다. 정적인 상태의 스포츠 리터러시는 운동

할 목적으로 구안하여 명료화시켰다. 용어의 유사성이 두드러지나 철학과 개념은 완전히 다르다. 보다 자세한 내용은 최의창(2018) 제8장 "피지컬 리터러시" 참조. 이 두 개념의 특징 비교는 본 서적 제5장 참조.

(2) 스포츠 리터러시는 "스포츠소양", "체육소양"으로 번역해도 무방하다. 한문표현에 적합하도록 일차적 용어를 "운동소양"으로 선택한 것이다.

소양이라고 불린다. 동적인 상태에서는 운동향유력이라고 불린다. 몸과 마음에 축적되는 가능태로서의 자질과 성향으로서는 운동소양이라고 불리는 것이 알맞다. 그렇지만, 이것이 구체적으로 발휘되거나 행사될 때에는 운동향유력으로서, 어떤 특정한 활동을 구사하는 힘의 형태로 표현되는 것이 보다 더 적절하다.

비유하자면, 이 둘은 동전의 앞뒷면과 같다. 이쪽에서 보면 운동소양이고, 저쪽에서 보면 운동향유력이다. 이 둘은 뫼비우스의 띠처럼 서로 연결되어있다. 함양이 향유고, 향유가 함양인 관계에 있다. 소양이 쌓이도록 연습하는 과정 자체가 일종의 향유다. 반대로, 그 수준에서 향유하는 것이 바로 소양이 조금 더 쌓여나가는 과정이기도 하다. 스포츠 리터러시는 습득하는 중에 향유되고 향유하는 과정에서 습득된다. 시작과 끝, 과정과 결과가 이음매 없이 하나로 이어져 있는 매우 오묘한 개념이다.

스포츠 리터러시의 개념을 바탕으로, 일단 내가 생각하는 스포츠교육론을 간단히 정의해보겠다. 나는 이미 이 일을 한 적이 있다(최의창, 2018). 스포츠교육은 "신체활동을 즐길 수 있도록, 그 체험이 자기 성장이 될 수 있도록, 그래서 행복한 삶을 살 수 있도록 돕는 노력이다"(p. 95)라고 정의하였다. 이 문장을 상세하게 풀어내는 것이 바로 스포츠 리터러시 교육론을 설명하는 일이 될 것이다. 그 이전에 먼저 이것부터 들어보라.

스포츠교육론이라고 하는 것은 온갖 복잡한 논리와 개념과 용어를

다 동원하여 복잡하고도 학술적으로 설명을 할 수는 있을 것이다. 하지만, 세련된 최신의 이론이나 용어 등 모든 것을 다 제거하고 정리하면 결국, 스포츠 가르치는 일은 배우는 이가 배운 결과로 "스포츠를 즐기고 스포츠를 좋아하도록 만드는 일" 그 이상도 그 이하도 아니다. 체육교사가 그 일을 하든, 센터강사가 그 일을 하든, 국가대표 코치가 그 일을 하든, 결국에는 자신이 배운 스포츠를 사랑하고 즐기는 사람으로 되어야 잘 가르쳤다고 할 수 있는 것이다.

상식적인 수준에서 본다면, 스포츠 가르치기를 위해서는 운동기능이 효과적이고 빠르게 습득되는 것이 제일 중요하지 않은가?라고 되물을 수 있다. 하지만, 스포츠교육론이라고 부르는 것에는 기능습득 이외의 차원이 관여된다. 기능습득만 다룬다면 그것은 스포츠연습론, 스포츠습득론, 스포츠훈련론에 불과하다. 수학 문제를 잘 풀지만, 수학을 존중하지 않거나 좋아하지 않는다면 그것은 수학교육으로서 반쪽의 성공, 아니 일종의 실패라고 보아야 하지 않을까? 수학 문제풀이에 불과하지 않은가?

어떠한 스포츠교육론이라고 하더라도 이 일을 제대로 해낼 수 없다고 한다면, 그것은 좋은 또는 훌륭한 스포츠교육론으로 간주될 수 없을 것이다. 아무리 최신의 이론적 근거와 배경을 지니고 있다고 하더라도, 그에 따라 스포츠 가르치기가 실천되었을 때 배우는 이들에게 좋아하는 마음과 사랑하는 마음이 정착되지 않는다면, 훌륭한 스포츠 가르치기로 받아들여지는 것은 어렵다. 하지만, 기능숙달이나 향상에 실패하더라도, 스포츠를 즐기고 좋아하도록 만들었다면, 그것은 성공한 것이다. 물론, 정상적인 스포츠교육론은 기능과 인지와 태도의 모든 측면들에 대한 배움이 일어나도록 해야 한다.

스포츠 리터러시

"체육, 스포츠, 운동을 배우면 우리에게 생겨나는 것은 무엇인가?" 운동기능, 건강체력, 인지력, 협동심 등등 여러 내용들이 있다. "지덕체"라고 하는 것이 가장 통상적인 대답이다. 나는 "스포츠 리터러시"로 종합, 정리하여 제시한다. 스포츠(운동, 체육)를 배우면, 우리에게는 운동을 다양하게 즐길 수 있는 자질인 스포츠 리터러시가 생겨난다. 스포츠교육은 스포츠를 가르쳐 스포츠 리터러시를 쌓도록 하는 노력이다.

1. 스포츠 리터러시는 스포츠를 "잘 하고 잘 알고 잘 느낄 수 있는 자질." "운동소양"(運動素養)으로 옮겨진다. 운동능, 운동지, 운동심으로 구성되며, 운동을 다양하게 향유할 수 있도록 만드는 바탕이 되는 자질을 의미한다. 국민체육진흥의 일차적 목적은 국민의 체력증진을 넘어서 스포츠 리터러시를 높이는 것, 운동소양을 함양하는 것이어야 한다.

2. 능소양(能素養), 지소양(智素養), 심소양(心素養)으로 구성되는 종합적 자질이다. 능소양은 운동의 기본동작과 기술을 활용하여 운동을 스스로 실천해내는 신체적 재능과 자질. 지소양은 운동에 관한 명제적 지식을 이해하고 적용하는 인지적 능력과 지성적 자질. 심소양은 운동을 하는 사람이 가지고 있는 다양한 종류의 심성적 태도나 마음의 자질이다.

3. 축구시합을 하도록, 축구기술을 발휘하도록 하는 것은 운동능이며 능소양이다. 축구 경기를 중계하고 해설하고 논평하고 축구기사를 작성하고 축구소설과 시를 쓰며 축구 웹툰을 그리거나 영화를 찍거나 프로팀이나 월드컵대표팀을 응원하거나 축구장을 사랑하는 것 등이 모두 축구를 즐기며 향유하는 것이다.

4. 스포츠 리터러시는 스포츠를 단순기술과 복합기능으로 구성된 "신체활동"(physical activity)에 그치는 것이 아니라, 인간사회 속에서 오랜 역사를 거쳐 문화공동체가 지속적으로 발전시켜온 하나의 "문화활동"(cultural activity)으로 이해하는 관점이다

5. "문화활동"이란 스포츠가 게임의 모습을 넘어서, 우리 생활 속에서 음악, 미술, 문학, 종교, 영화, 패션 등의 다양한 측면들로 그 모습이 드러나는 활동임을 가리킨다. 스포츠 리터러시는 게임으로서의 스포츠를 넘어 문화로서의 스포츠를 잘 하고 알고 느낄 수 있는 자질이다.

6. 예를 들어, 축구는 시합 경기를 넘어서, 축구를 소재로 소설과 시, 평론과 방송, 영화와 사진, 음악과 회화, 복장과 디자인, 스타디움 건축 등 모든 측면들이 현대인의 생활에 핵심적으로 중요한 문화로서 자리 잡은 상황이다.

7. 스포츠 리터러시가 몸과 마음에 쌓이면, 스포츠를 하는 것, 아는 것, 느끼는 것으로 즐길 수(향유할 수) 있다. 하는 것만이 최고가 아니며, 운동기능이 뛰어난 것이 스포츠 리터러시가 뛰어난 것이 아니다. 잘 아는 것과 잘 느끼는 것도 스포츠 리터러시가 뛰어난 것이다.

8. 스포츠를 향유하는 자질의 종류가 능소양, 지소양, 심소양이 있으므로, 스포츠를 향유하는 방식은 크게 능향유, 지향유, 심향유가 있다.

향유 방식들을 보다 세부적으로 구별하면, 하기, 읽기, 쓰기, 보기, 듣기, 말하기, 느끼기, 그리기, 부르기, 만들기, 셈하기, 모으기, 나누기, 생각하기, 사랑하기 등이 있다(15+라고 부른다).

9. 하는 것으로만 운동을 즐기는 것이 아니라, 능, 지, 심으로 다양하게 향유할 수 있게 됨으로써, 남녀노소 할 것 없이 자신이 좋아하고 잘하는 방식으로 스포츠로 자신의 행복한 삶을 가꾸어나갈 수 있게 된다. 기능적으로 잘 하는 것이 최고, 최선, 유일의 기준이 되지 않는다.

10. 이미 우리 실생활에서는 스포츠를 이렇게 다양한 방식으로 향유하고 있으며, 지금 제4차 산업혁명의 발전과 함께 더욱 다양한 방식으로 스포츠를 즐길 수 있는 디지털 세계의 확장이 급속히 전개되고 있다.

3 ── 스포츠 즐기기

앞에 적은 스포츠 리터러시 교육론에 근거한 스포츠교육의 개념을 살펴보도록 하자. 핵심 표현들이 있다. "운동향유, 자기성장, 공동행복" 이 세 가지가 그 표현들이다[3]. 스포츠 리터러시 교육론을 요약

---

[3] 특히, 최의창(2018)의 제7장 "너의 의미는?" 참조. 최의창(2021) 스포츠 리터러시 에세이의 "왜 스포츠 리터러시인가" 참조.

하는 세 가지 표현이다. 이 각각은 두 가지 내용의 결합으로 되어있다. "대상 + 서술"의 결합으로, 어떤 대상을 어떠한 상태로 만드는 것이다. 가장 먼저 "운동 + 향유"는 운동을 향유하는 것, "자기 + 성장"은 배우는 이(또는 가르치는 이) 자신을 성장시키는 것, 그리고 "공동 + 행복"은 행복한 삶을 살아나가되 주변의 사람들과 함께 그렇게 되는 것이다. 이 세 가지를 모두 (때로는 따로) 지향하는 것이 바로 스포츠 리터러시 교육론의 근본이다.

이 세 가지는 수평적 관계로 생각할 수도 있고, 수직적 관계로 생각할 수도 있다. 서로 동등한 규모로서 중요성을 지니는 것이거나, 또는 하나가 다른 하나의 전 단계로 관계를 맺을 수도 있다. 그렇기는 하지만, 현실적으로는 (즉 시간상으로는) 운동향유가 시작이요 기본이 된다. 운동향유가 가장 먼저 실천되어야만 한다. 스포츠를 즐기는 것이 항상 첫 번째 일이요 목적이 된다. 농구교육은 농구를 즐길 수 있도록 하는 일이며, 수영교육은 수영을 즐길 수 있도록 만드는 일이다.

그런데 스포츠 리터러시 교육론에서는 이 "(신체활동을) 즐길 수 있도록"이라는 표현, 즉 "운동 + 향유"가 통상적이지 않게 해석된다. 통상적인 경우, 이 표현은 "운동을 할 수 있게 된다"로 이해된다. 즉 축구 기술을 구사할 수 있게, 축구 게임을 할 수 있게 된다는 것을 의미한다. 축구를 하는 것으로 즐길 수 있도록 만드는 상태다. 스포츠 장면에서 즐긴다는 말이 이것 이외에 다르게 사용될 수 있을까?

물론, 통상적으로는 없다. 하지만, 스포츠 리터러시 교육론은 통상적인 스포츠교육론이 아니다. 특별한 스포츠교육론이다. 그래서, 있다. 그것도 매우 다양하게 있다.

"즐기다"는 말은 사전적으로 풀면 "좋아하여 자주하다" 또는 "즐겁게 누리다"라는 의미다. 그러므로 이 앞에 다양한 수식어가 붙을 수 있다. "하기로 즐기다"에만 한정되지 않는다. 보기로 즐기다, 읽기로 즐기다, 듣기로 즐기다, 쓰기로 즐기다, 부르기로 즐기다 등등 그 즐기는 방식은, 말 그대로, 무한가지다. 즐기는 방식의 한계는 상상력의 한계다. 그리고 실제로 사람들은 자기가 좋아하는 방식대로, 또는 늘 새로운 방식을 찾아, 신체활동을 즐긴다. 하는 것은 신체활동을 즐기는 한 가지 방식에 불과하다.

나는 이 다양한 즐기기를 정리해서 표현하려고 그동안 "15+ 향유"라는 용어를 만들어내었다. 신체활동 즐기기는 15가지 이상(피프틴 플러스)이 있다는 뜻이다. 15가지가 가장 흔하게 이뤄지는 즐기기이고 그밖에 더 다양한 방식들로 좋아한다는 말이다. 하기, 읽기, 쓰기, 보기, 듣기, 말하기, 그리기, 부르기, 만들기, 느끼기, 모으기, 나누기, 셈하기, 생각하기, 사랑하기가 그 15가지 기본이다. 이외 응원하기, 후원하기 등등 수없이 많은 방식이 있다. 이 기본적인 15가지로 즐기는 방식을 알려주고 가르쳐주는 것이 스포츠교육의 가장 기초인 것이다.

여자 중학 및 고등학생들을 대상으로 한 〈스포츠는 여학생을 어떻게 행복하게 하는가?〉라는 연구에서 민형식(2020)[4]은 이 15가지를 다시 5개의 그룹으로 묶어내면서 보다 간단하게 여학생들이 정말로 여러 형태로 스포츠를 좋아하고 즐기고 있음을 우리에게 알려주었다. 그 다섯 가지는 수행향유(하기), 관전향유(보기, 읽기, 듣기), 표현향유(쓰기, 말하기, 그리기, 부르기, 만들기), 탐색향유(셈하기, 생각하기), 감응향유(모으기, 느끼기, 나누기, 사랑하기)다. 이를 통해서 우리는 십대 여학생들은 초등학교 때보다 하기를 잠시 유보하기는 하지만, 그 대신 다른 방식으로 여전히 스포츠를 좋아하고 사랑하고 있음을 발견하게 된다.

이와 유사한 연구로 진주성(2023)은 〈발레는 어떻게 우리를 행복하게 하는가?〉라는 연구에서 발레애호가들의 발레 향유방식과 발레 소양을 탐색하였다. 역시 다섯 가지의 커다란 향유방식을 제시해주었는데, 신체로 발휘하기(하기), 인식으로 감지하기(보기, 읽기, 듣기, 생각하기), 상징으로 나타내기(쓰기, 그리기, 만들기, 모으기, 찍기), 교감으로 함께하기(말하기, 나누기), 그리고 마음으로 소유하기(느끼기, 사랑하기)로 묶어서 보여주고 있다. "셈하기"는 찾을 수 없어서 "발레향유 14+"로 재구성하여 발레애호가들의 다채로운 발레 향유의 모습들을 상세하게 들려준다.

⑷ 민형식(2020). 스포츠는 여학생을 어떻게 행복하게 하는가. 서울대학교대학원 석사학위논문. 진주성(2023). 발레는 어떻게 우리를 행복하게 하는가. 서울대학교대학원 석사학위논문.

4 —— 자기 성장하기

다음은 "그 체험이 자기 성장이 될 수 있도록"이다. 스포츠교육의 알파는 신체활동 즐기기다. 운동향유다. 15+ 향유라는 다채로운 체험은 당연히 배우는 이(체험하는 사람)의 변화를 가져오게 된다. 체험 자체가 일종의 새로운 자극이며 이 자극은 몸과 마음에 생리적, 심리적 변화를 촉발하게 된다. 그 변화의 크기나 지속의 정도는 매번 다르겠지만 말이다. 심신에의 자극으로 작용하는 것과 그에 따른 변화는 피할 수 없다. 학습이란 바로 이런 변화를 말하는 것이지 않은가. 배움이 일어나는 것이다. 그리고 이 배움은 전보다 나아지는 것, 즉 성장이라고 할 수 있다.

"자기 + 성장"은 바로 이런 뜻이다. 배우기 전보다 어떤 방향으로나 어떤 수준으로나 나아진 상태로의 변화가 바로 성장이다. 스포츠교육이라고 하는 활동은 나아지는 변화에 관심이 있다. 물론 나빠지는 변화도 관심의 대상이지만, 적극적 관심보다는 소극적 관심 수준이다. "성장"의 의미도 상세히 살펴보아야 하는 내용이지만, 뒤에서 조금 더 살펴볼 예정이므로, 지금 여기에서는 "자기"가 뜻하는 바가 무엇인지 먼저 살펴보기로 한다.

여기서 "자기"는 배우는 사람을 가리킨다. 배우는 사람 당사자가 성장하는 것을 지칭하기 위하여 이 표현을 선택하였다. 그런데, 이 자기라는 존재는 어떤 존재인가? 배우는 이(학생, 선수, 회원 등의 남녀노소)의 특징은 무엇인가? 학습자에 대한 특성은 너무도 잘 알려져 있다. 최근에는 모든 배움이 뇌의 작용임을 과학적으로 증명하는 연구 결과들에 의해 도배가 될 지경까지 이르렀다. 학습과학이나 뇌과학 등의 접근들이 빠르게 배움의 과정과 특징을 규정하고 있는 중이다.

그런데, 나는 약간 다른 입장이다. 아니, 매우 다른 입장이라고 해야 할 듯하다. 나의 입장은 그렇게 자연과학적, 행동과학적 접근이 아니다. 나는 "사람으로서의 배우는 이"를 총체적인 관점에서 이해한다. 총체적이라는 것은 (물론 자연과학적이고 행동과학적인 입장을 포함하여) 철학적, 종교적, 사회학적(그리고 상식적)으로 인간을 생각하는 것을 말한다. 총체적으로 인간을 이해하고 그에 따라 조처를 취해야 한다는 것은 오래 전부터 있어온 생각이며 접근이다. 나는 그러한 커다란 흐름 속에서 나름대로의 인간관을 채택하여 학습자로서의 "자기"를 이해하였다.

학습자로서의 인간은 "체성, 지성, 감성, 덕성, 영성"을 총체적으로 지닌 존재다[5]. 사람은 누구나 이런 기본적인 자질특성을 지니고 태어난다. 발달과 성장이 잘 되거나 덜 되는 특성들이 사람마다 각자 다르다. 개인마다의 유전적 특성과 보육적 특성에 따라서 각자 다른

---

[5] 스포츠교육론에서 인간을 보는 관점, 배우는 이의 본성을 이해하는 시각은 최의창(2021). **스포츠 리터러시 에세이**의 "체덕지에 반대한다"와 "스포츠교육의 인간론" 참조.

발달과 성장 상태를 보여주며 변화하게 된다. 동양의 성리학에서는 모두가 타고나는 전자를 본연지성, 개인마다 다른 후자를 기질지성이라고 구분하여 불러왔다. 나는 본연지성을 이 다섯 가지로 정리한 것이다. 그래서 "오성" 五性이라고 부른다.

동서양의 학자들은 각자의 학문적 관점에 의거하여 인간특성을 인지, 자아, 가치, 도덕, 대인관계, 영성, 욕구, 운동감각, 정서, 심미 등으로 다양하게 파악하고 분류해왔다. 이 가운데 특히 동서양의 철학을 종합하여 인간과 세계의 본질을 잘 정리하여 이해할 수 있도록 해주는 Ken Wilber(2006)의 인간관에 따르면, 사람은 운동감각, 인지, 도덕, 정서, 영성, 심미의 6가지의 본성을 지니고 있다(그는 발달라인이라고 부른다)[6]. 신학자인 자크 마리땡은 이런 접근을 근본적인 수준에서 두 가지로 분류하여 간명하게 정리해 보여준다. 그는 인간본성에는 "순수과학적 인간관"으로 파악되는 자연적 측면과 "철학적 종교적 인간관"으로 파악되는 초자연적 측면이 들어있다고 말한다[7].

일상에서 많이 들어본 적이 있듯, 사람은 심·신으로 된, 또는 영·육으로 된 존재다. 한걸음 더 나아가 지·덕·체로 된, 또는 심·신·영

---

[6] Wilber, K. (2006). *Integral spirituality*. 김명권, 오세준(역)(2018). 켄 윌버의 통합영성. 서울: 학지사.

[7] 홍지희(2008). 인격의 개념과 교육: 마리땡의 존재론적 관점. 서울대학교대학원 석사학위논문.

으로 된 존재이기도 하다. 나는 내가 지난 동안 탐구하고 연구한 철학적, 종교적, 그리고 과학적 학술지식, 그 위에 덧붙여 상식적 경험을 종합하여 인간 본성을 둘이나 셋이 아닌 다섯으로 규정한 것이다. 체성·지성·감성·덕성·영성의 오성들이 인간의 공통적이고 핵심적인 본성적 특성들로서 대표적이라고 판단한 것이다. 특히나, 교육이라는 인류의 보편적이고 가치로운 활동 노력을 고려할 때 무엇보다도 먼저, 그리고 반드시 포괄해야하는 기본 자질들로 선택한 것이다(이것은 언제나 최종적으로 선택적일 수밖에 없는 사안이다).

사람이 이 다섯 가지 성향(자질, 특성)을 지니고 있음을 살펴보는 방식은 여러 가지가 있을 수 있다. 사실, 이 다섯 가지는 각각 이미 신체활동(작은 스포츠, 엑서사이즈, 댄스 등등)이 사람의 여러 측면에 미치는 영향들을 연구하는 과학적 연구를 통해서 그 정체에 대한 인정을 받고 있다. 체성(체력과 건강)에 미치는 영향, 지성(사고력과 뇌 기능)에 미치는 영향, 감성(심미성과 공감력)에 미치는 영향, 덕성(협동심과 이타심)에 미치는 영향, 그리고 영성(자연애와 인류애)에 미치는 영향 등이 각각, 때로는 두세 성향들(체성과 지성, 체성과 감성, 지성과 감성과 덕성 등)이 함께 탐색되고 확인되고 있다.

5 ── 함께 행복해지기

마지막으로 "행복한 삶을 살 수 있도록"이다. 이때 행복한 삶의 기본조건은 "다른 사람들과 함께"다. "혼자만 잘살면 무슨 재미인겨?"라는 시중에 회자되는 표현도 있지 않은가? 개인적 행복도 행복이지만, 그것은 반드시 타인의 행복과 연결된 행복이어야만 한다. 타인의 행복과 연결되었다는 것은 여러 상황을 의미할 수 있다. 타인과 반드시 함께 의도적으로 행복해지지는 않더라도, 최소한 타인의 불행이 의도되거나, 생산되거나, 혹은 의도치 않게 발생하지 않아야만 한다.

"공동 + 행복"이란 공식의 의미가 이런 것이다. 신체활동을 함께 체험하는 것을 통해서, 함께 하는 사람들과 같이 행복감을 느끼는 것을 의미한다. 친구와 자전거로 언덕을 낑낑거리며 올라가는 것, 수영장에서 기초반 회원들과 물 먹어가며 숨쉬기를 배우는 것, 여성 축구 동호회에서 나이에 상관없이 서로 공을 주고받는 것, 아이와 함께 초급 스키 슬로프를 엉금엉금 미끌어져 내려오는 것 등등. 가족, 친구, 동료처럼 가까운 타인은 물론이지만, 같은 마을, 도시, 더 나아가 같은 나라 사람, 아시아인, 그리고 지구인으로서의 먼 타인까지, 함께 스포츠를 함으로써 서로 행복해질 수 있는 가능성이 높고, 그런 행복이야말로 스포츠교육적으로 추구되어 마땅한 기본적이며 궁극적인 행복이다.

물론, 함께 하지 않아도, 혼자 하더라도 그 혼자 즐기기가 가까운 타인이나 먼 타인에게 직접적, 간접적으로 긍정적 영향을 미치는 경우는 찾기 어렵지 않다. 일반적이고 일상적이다. 운동선수들을 보라. 선수들이 펼치는 멋진 운동 모습으로 인해서 우리는 관전하고 응원하면서 얼마나 많은 즐거움과 행복감을 맛보는가? 또는, 운동선수나 감독의 자서전을 읽으면서 자신의 운동하기에 새로운 시각을 얻고 생활하기에서 새로운 출발을 다짐하는 경우를 떠올려보라. 내가 작성한 스포츠 기사나 쓴 블로그 글을 읽고 공감하고 기뻐하는 독자가 있음을 상기해보라. 이것은 물리적으로 함께 하지는 않지만, 간접적 매체를 통해서 서로 함께 행복하게 되는 효과를 거두게 되는 것이다.

내가 말하는 행복은 단순한 감각적 즐거움만을 이야기하는 것이 아니다. 이것은 당연히 기본적, 일차적 즐거움이다. 이것도 행복의 한 종류인 것은 명백하다. 하지만, 이런 명백한 행복감만을 느끼도록 해주는 것이 스포츠교육의 가장 핵심적 목표는 아니다. 물론, 일차적이며 즉각적인 목표이기는 하다. 축구 슛을 성공시켰을 때의 짜릿함, 마라톤을 처음으로 완주했을 때의 성취감, 접영의 동작이 부드럽게 수행되어 수영장 끝까지 한 번에 갔을 때의 쾌감, 테니스 복식 경기에서의 백핸드 패싱샷이 주는 통쾌함 등등의 감각적 행복감이 제일 차적이다.

이런 것들은 앞에서 이야기한 체성을 지닌 존재로부터 얻어지는 본능적 행복감이다. 하지만 인간은 이것 이외에도 지성, 감성, 덕성, 영성까지 지닌 존재다. 그래서 이런 감각적 행복감과는 종류가 다른 행복감도 누릴 수 있다. 신체활동을 다양하게 즐길 수 있게 되면, 얻어지게 되는 행복감의 종류도 그에 따라 다양하고 포괄적으로 된다. 마치 감각적 행복감이 흑백 텔레비전이라면, 오성적 행복감은 칼라 텔레비전이라고 할 수 있다. 그리고 스포츠 리터러시가 함양되면 오성적 행복감은 OLED 텔레비전급으로 선명하고도 강렬하게 그 색채감을 감지할 수 있는 수준으로 성숙된다. 이 세상의 모든 칼라가 삼원색의 융합으로 만들어지듯, 한 사람이 겪을 수 있는 모든 행복감은 오성의 다양한 융합으로 창조되어진다.

현재 전 세계적으로 삶의 표어가 된 영어 문장이 있다. "Healthy Active Lifestyle"이 그것이다. 옮기자면, "건강하고 활달한 생활스타일"쯤 된다. 성인이 되어 비만을 예방하고 삶의 질을 높이고 각종 질병으로부터 자유로우려면, 건강하고 활달한 생활스타일을 습관화해야 한다는 말이다. 맞는 소리다. 틀리지 않는다. 그렇기는 해도, 이런 삶이 반드시 모두에게 "행복한 삶"인지, 또는 그런 행복한 삶을 보장하는 심신의 상태인지는 한 번 되새겨볼 필요가 있다. 나로서는 "Happy Together Lifestyle"이라는 표어로 스포츠교육을 지탱해나가고 싶다. "서로 함께 행복한 생활스타일"을 습관화시키는 스포츠교육을 지향하면서 말이다. 스포츠교육은 공동체적 행복한 삶을 추구한다. 더불어 숲이 되고, 다 모여 강이 된다. 함께 하면 행복은 배가된다.

6 ── 다시, 스포츠 리터러시 교육론

나는 앞에서, 스포츠 가르치기와 스포츠교육을 동일시하였다. 때에 따라서 서로 번갈아 사용하였다. 그렇게 해도 하등 문제될 것은 없다. 하지만, 스포츠 가르치기라는 우리의 행위를 좀 더 심도 깊은 활동으로 이해할 수 있도록 돕기 위하여 스포츠교육의 개념을 재조명(?)하였다. 내가 선호하는 내용으로 다시 규정하였다. 내용상으로, 새롭게 재개념화한 것이다. 대담하게도, "스포츠 가르치기는 스포츠교육이 아니다, 스포츠 가르치기와 스포츠교육은 다르다"라고 말한 것이다.

무슨 말인가? 이렇게 비유할 수 있다. 밤하늘의 달을 바라보며 "저기 하늘에 떠 있는 것은 보름달이다"라고 말하는 것은 스포츠 가르치기다. 반면에, "저 달은 어둠을 밝혀주는 큰 빛으로, 악함을 물리치는 선함이다"라고 말하는 것은 스포츠교육이다. 가르치기는 지금 눈앞에 시각적으로 보이고 있는 것을 그대로 기술하는 것이다. 교육은 눈으로 보이는 것을 사실 그대로 적는 것이 아니라, 가치를 담아 희망하는 것을 말하는 것이다. 전문적 표현으로 말하자면, 가르치기는 기술적記述的 단어인 반면, 교육은 규범적規範的 용어다.

비유하자면 그렇다는 이야기다. 당연히, 완벽한 허구적 상상의 소설을 써내려가는 일은 아니다. 교육이란 어떤 가치를 추구하며 그에 맞춘 결과를 얻고자 하는 노력이다. 가르치기는 가르치기이되, 특정한 목적과 방식으로 진행되는 가르치기인 것이다. 나는 여기서 내가 생각하고 추구하는 그러한 특정한 목적과 방식의 스포츠교육에 대하여 설명하고 있는 것이다. 다시 되풀이해서 적자면, 스포츠교육은 "신체활동을 즐길 수 있도록, 그 체험이 자기성장이 될 수 있도록, 그리하여 행복한 삶을 살 수 있도록 돕는 노력"이다. 나는 앞에 세 절에서 각각의 핵심 문구들을 설명하였다.

나는 그보다 앞서, 나의 스포츠교육론은 "스포츠 리터러시 교육론"이라고 부른다고 하였다. 스포츠 가르치기의 과정 전체에서 가장 중요한 개념이 스포츠 리터러시이기 때문이다. 스포츠 리터러시 교육론은 신체활동을 즐길 수 있도록 해주며, 자기 성장을 가능토록 해주며, 그리고 서로 함께 행복한 삶을 영위할 수 있도록 하는, 에너지, 또는 연료가 되는 동력원이다. 스포츠교육은 개개인들에게 이 에너지를 충전시키는 노력이며, 궁극적으로는 그 동력을 (전부 또는 일부분) 스스로 자가 발전시킬 수 있도록 돕는 조처다. 스포츠교육은 운동소양이나 운동향유력을 함양하는 인간의 활동인 것이다.

스포츠 리터러시를 기르는 스포츠교육 활동은 그것이 교육적 활동이기 때문에 몇 가지 조건을 갖추어야 한다. 나는 세 가지 조건을 이야기하였고, 그것들은 스포츠교육의 개념 정의에 반영되어 있다. 그 각각을 "향유조건, 성장조건, 행복조건"이라고 부르자. 첫째, 스포츠 리터러시를 기르기 위해서 스포츠를 가르칠 때에는, 하는 것과 함께 다른 다양한 즐기기 방식이 함께 체험될 수 있도록 해야 한다. 능소양, 지소양, 심소양을 기르고 그것을 지니고 능향유, 지향유, 심향유를 하려면, 하기만으로는 어림도 없다. 능소양으로 능향유만 할 수 있게 될 뿐이다. 운동향유 15+로 다양한 방식들을 소개하였다.

둘째, 스포츠 리터러시를 기르기 위해서 스포츠를 가르칠 때에는, 체성만을 초점으로 하거나 중시하지 않고, 반드시 각 개인의 오성에 대한 고려가 주어진 상태에서 실천되어야 한다. 스포츠를 통한 한 개인의 성장은 총체적인 것이 되어야 하고, 그렇게 될 수밖에 없다. 사람의 오성은 전체가 하나로 연결되어있고, 어떤 측면으로 자극이 들어오든지 간에, 반드시 다른 측면들에 영향을 미친다. 개인과 상황에 따라서 그 영향력의 강도와 지속이 차이가 날 뿐이다. 체·지·감·덕·영성의 총합체, 그것이 바로 한 개인이기 때문이다. 나는 체·지·감·덕·영성으로 된 하나의 큰 덩어리다. 체·지·감·덕·영성의 한 뭉치며 한 다발이다.

셋째, 스포츠 리터러시를 기르기 위해서 스포츠를 가르칠 때에는, 개인적인 행복한 삶의 추구와 함께, 다른 이들과 함께 행복한 삶이 될 수 있도록 해야 한다. 이때의 "함께"라는 표현은 직접적으로 함께 하는 것은 물론, 다양한 방식으로 함께 하는 것을 포함한다. 스포츠 리터러시는 다양한 방식으로 함께 할 수 있음을 새롭게, 넓은 지평으로 펼쳐주는 개념이다. (뒤에서 설명되겠지만) 스포츠를 문화로서 다채롭게 체험하도록 함으로써, 스포츠문화를 풍요롭게 만들어놓음으로써, 스포츠 애호가들과 일반인들의 삶을 더욱 풍성하게, 그래서 행복할 가능성이 더욱 높아지도록, 돕는 것이다.

스포츠교육으로서의 스포츠 가르치기는, 한마디로, 스포츠 리터러시 기르기다. 운동소양 기르기이며 운동향유력 기르기다. 학교체육이든, 생활체육이든, 전문체육이든, 그것이 스포츠교육적 지향을 가지고 행해진다면, 그 활동은 스포츠 리터러시 기르기를 근본으로 해야 한다. 예를 들면, 우리 아이들이 야구의 능·지·심 향유를 통하여 야구 능·지·심 소양을 기르고, 그것을 바탕으로 각자의 체·지·감·덕·영성을 성장시키며 보다 온전한 사람으로 자라며, 그것을 통해서 자신과 함께 사는 사람들과의 유대와 공감을 넓혀나가는 생활을 통하여 행복감을 느낄 수 있게 도와야 한다.

이리하여, 스포츠 리터러시 교육론을 대강 이해하였다. 일단, 부족하게나마 최소한의 겉모습은 살펴보았다고 할 수 있다. 그렇다면, 스포츠 리터러시의 교육이 관건이라면, 도대체 어떻게 가르쳐야만 스포츠 리터러시를 잘 가르칠 수 있는가? 특별한 방법이란 것이 있는가? 그동안 내가 재직하는 곳에서 학교체육의 상황에서 교사출신 대학원생들과 함께 연구를 진행해왔다[8]. 테크놀로지 활용 초등체육수

---

[8] 이하 모두 서울대학교대학원 석사학위 논문. 민홍미(2023). 스포츠 리터러시 함양을 위한 테크놀로지통합 초등체육수업 실행연구. 권도원(2020). 고등학교 농구부 선수들의 운동소양 함양을 위한 인문적 체육프로그램 실천. 이호연(2020). 배구 리터러시 함양을 위한 중학교 스포츠클럽 지도 방안 탐색. 한유정(2017). 자유학기제 인문적 융합 체육수업을 통한 중학생 운동소양 함양. 김수영(2021). 학교 무용예술수업에서의 "무용 잘 가르치기."

업(민홍미, 2023), 중학생 자유학기제 융합체육수업(한유정, 2017), 중학교 배구 스포츠클럽(이호연, 2020), 고등학교 농구부(권도원, 2020), 그리고 학교 무용예술수업(김수영, 2021) 등의 맥락에서 스포츠 리터러시의 함양 방안들을 꼼꼼하게 살펴보았다. 그리고 그 중요성과 필요성을 확인하였다.

7 ── 인문적 스포츠 패러다임

스포츠 "가르치기"를 스포츠 "교육적 행위"로 이해하고, 스포츠 리터러시를 그 중심에 놓는 선택에는 보다 근본적인 차원에서의 출발점이 있다. 그것은 체육 또는 스포츠를 바라보고 실천하는 대안적인 커다란 사고방식 즉, 패러다임이다. 현재 지배적인 과학적 패러다임과 쌍을 이루며 전체에 보완적인 역할을 하는 인문적 패러다임이다. "과학과 인문"은 마치 음과 양처럼 세계와 현상을 이해하는 두 개의 커다란 상반된, 하지만 상호 보강하는 근본적 접근이다. 지난 반세기 이상 체육은 학문화를 통하여 과학적 패러다임의 압도적 지배가 만연한 상태가 지속되었다[9].

---

[9] 과학적 접근과 인문적 접근에 대한 자세한 설명은 최의창(2015). 가지 않은 길: 인문적 스포츠교육론 서설(개정판) 참조.

하지만, 과학적 접근으로 파악되지 않고 개선되지 못하는 차원과 측면에 대한 인문적 대안이 작고 미미하지만 여전히 존재하고 있다. 스포츠 가르치기에 있어서도 지난 30년 이상 과학적 접근의 발흥이 계속되어오고 있다. 주먹구구와 권위주의의 억압적이고 비민주적인 접근이 만연한 스포츠 가르치기 영역에 과학적 접근으로 합리적이고 체계적인 훈련, 지도, 수업의 구체적 실천활동들이 적용되어 일반화되는 성과를 보여왔다. 그런 한편으로는, 스포츠 가르치는 활동의 인간적이고 가치지향적인 차원이 비가시적, 비효율적, 비생산적이라는 혐의를 받고 소외되는 상황이 점점 더 커지게 되었다.

스포츠 리터러시 중심으로 스포츠교육 활동을 해석하고 개선하려는 나의 시도는 이같은 과학적 스포츠(가르치기)로의 기울어짐의 악화경향을 저지하고 상태를 호전시키는 것을 희망하고 있다. 그 대안에 "인문적 스포츠"(가르치기)라는 이름을 붙여주었다. 나는 이미 학교체육의 영역에서 "인문적 체육교육"(최의창, 2001, 2022)이라는 체육교육 철학을 제안하고, 그것의 실천 모형으로서 "하나로 수업"이라고 하는 체육교수 모형을 이전부터 학교현장에서 적용하고 실천해오고 있었다[10]. 스포츠 리터러시 교육론은 학교체육을 넘어 생활체육과 전문체육을 포함하고 무용교육과 피트니스교육까지 관통하는

<10> 최의창(2001). 인문적 체육과 하나로 수업. 한국스포츠교육학회지, 8(2), 45-64. 최의창(2022). 인문적 체육교육과 하나로 수업(제2판). 서울: 레인보우북스.

스포츠교육 전반을 위하여 구안된 것이다.

스포츠교육에의 인문적 접근은 현재로서는 그 이론적 모습을 견고하고도 뚜렷이 갖춘 상태는 아니다. 아직은 모습을 구체화시키며 만들어가는 초기 과정에 있다. 우선, 일반 교육철학에서의 여러 이론적 관점들(예를 들어, 피터스의 자유교양교육, 허스트의 실천전통교육 등)을 기반으로 하고 있다. 스포츠철학에서의 몇몇 개념적 아이디어들(예를 들어, 아놀드의 현상학적 접근과 문화적 활동, 호로우책과 레이드의 아레티즘 등)로부터도 중요한 근거를 마련하고 있다. 이와 함께, 최근에 다양하게 제시되는 스포츠 가르치기의 모형들(예를 들어, 애결홈의 수행 모형, 로카이넌 등의 문화 모형 등)도 유사한 관점과 실천들을 제안해주고 있다(11).

인문적 접근은 어떤 하나의 잘 구조화된 단일한 아이디어가 아니다. 이것은 오랜 역사에 걸쳐 철학, 의료, 교육 등 여러 다른 분야들에서 상이한 철학과 이론을 배경으로 각각 제안되고 세련화된 것들을 그룹핑하여 모아 부르는 이름이다. 오로지 과학적 접근과의 큰 차이점을 보인다는 특징을 지닌다는 점 하나가 유일한 공통점이라고

<11> 새로운 스포츠교육 모형들에 대한 전반적인 소개는 Ennis. C. (Ed.)(2017). *Routledge handbook of physical education pedagogies*. London: Routledge. Casey, A. & Kirk, D. (2021). *Models-based practice in physical education*. London: Routledge. 그리고 Larson, H. (Ed.)(2021). *Learning movements: New perspectives of movement education*. London: Routledge 참고.

할 수 있다. 어찌되었든, 서로 다른 여러 가지 인문적 접근들은 가르치는 활동에 대해서 몇 가지 중요한 특징을 공유하며, 스포츠교육의 인문적 접근의 한 방식인 스포츠 리터러시 교육론에서도 그 특징들을 찾아볼 수 있다. 인문적 스포츠교육 접근에서 핵심적으로 중요시하는 다섯 가지를 간단히 언급한다(내용, 방법, 목적을 각각 다루는 이하의 장들에서 보다 상세히 알아볼 기회가 있다).

첫째, 스포츠교육은 온전한 모습의 스포츠를 중요시한다. 스포츠교육에서는 스포츠가 핵심이다. 그것을 배우는 사람이 최우선 핵심이 아니다(여전히 중요하며, 굳이 표현하자면, 최종적 핵심이다). 스포츠 자체가 잘 가르쳐졌는지, 배워졌는지가 제일차적 관심사다. 기능, 건강, 인성 등 배우는 사람의 필요에 근거해서 스포츠교육의 중요성이나 가치를 정당화하지 않는다. 스포츠의 가치 그 자체가 바로 스포츠를 가르치고 배우는 근본이유, 기본근거다. 스포츠라는 인간의 문화유산이 그것의 필요성을 뒷받침해준다. 다만, 스포츠는 게임활동을 훨씬 넘어선다. 온전한 스포츠(호울 스포츠)란 바로 이런 문화유산, 실천전통으로서의 스포츠를 말한다.

둘째, 스포츠교육은 스포츠의 인문적 차원을 중요시한다. 온전한 스포츠는 과학적 차원과 인문적 차원의 융합체로 되어있다. 스포츠의 인문적 차원은, 통상적 수준에서, 역사적, 철학적, 문학적, 예술적, 종교적인 것이다. 스포츠의 역사적, 철학적, 문학적, 예술적, 종교적인 차원에 대하여 주목하고, 이것이 교육의 과정에서 그 가치에 합당한 대우를 받도록 철저한 조치를 취한다. 예를 들어, 축구를 가르칠 때에 축구경기의 역사와 철학을 강조하며, 축구기술을 배울 적에 축구시, 축구영화, 축구회화와 조각 등을 체험하도록 한다. 축구를 총체적으로 체험하여 온전한 축구를 학습하도록 한다.

셋째, 스포츠교육은 가르치는 과정의 인간적 차원을 중요시한다. 가르치는 활동/행위는 가르치는 주체, 즉 교사, 코치, 강사 등의 인간됨과 분리될 수 없다. 인간됨(됨이) 또는 인간성 personhood은 사람의 본래성과 존재성을 말한다. 그 사람 자체가 가지고 있는 총체적 자질이다. 앞에서 언급한 오성의 총체적 융합으로 만들어지는 하나로서의 그 사람이다. 이 사람됨은 어쩔 수 없이 가르치는 방식에 드러나고 실제적 영향을 미친다. 가르치는 사람을 배제한 교육방법이란 것은 없다. 모든 지도방법은 가르치는 이라는 매개체를 통해서 전달되기 때문이다. 가르치는 행위는 필연적으로 규범적, 도덕적 활동이다. 잘 가르치기 위해서는 좋은 사람, 훌륭한 성품을 지녀야 함을 기본으로 한다.

넷째, 스포츠교육은 스포츠를 통한 인간의 교육을 중요시한다. 인간교육은 인간의 한 측면인 인성교육보다 훨씬 큰 개념이다. 온전한 스포츠는 그 자체에 담겨져 있는 힘, 가치로 인해서, 제대로 전수되었을 때, 배우는 이의 사람됨 전체에 영향을 미친다. 스포츠라는 교육내용을 온전한 형태로 학습자의 몸과 마음에 안착시키게 되면, 그 내용은 학습자의 인간됨 전체(오성)에 스며들게 되며 그로 인한 생각과 행동과 태도의 변화가 생겨나게 된다. 개인마다 다른 수준과 정도로 나타나지만 반드시 안과 밖으로 전인적 영향을 미친다. 온전한 인간으로 성장하는 데에 도움을 준다. 물론, 야구라는 스포츠를 인문적으로 생각하고 인문적 방식으로 가르칠 경우에 인간교육적 성과를 얻을 가능성이 높아진다.

다섯째, 스포츠교육은 융합적 가르치기를 중요시한다. 스포츠를 온전히 체험하고 이해하여 내 것으로 만들기 위해서는 "(수행)하기"만으로 충분치 않다. 축구는 읽기, 보기, 쓰기, 듣기, 말하기, 그리기, 셈하기 등등 여러 가지 표현형식들(문자, 그림, 소리, 이미지 등)을 여러 표현매체들(음악, 회화, 조각, 소설 등)을 통하여 시각, 청각, 촉각, 미각, 후각 등 인간의 여러 감각수용체로 받아들여 학습의 종합화를 통하여 온전히 내면화하게 된다. 오로지 신체적 반복훈련과 게임시합만으로 온전한 축구를 제대로 교육받기에는 중요한 요소들이 결여되기 쉽다. 축구하기가 직접체험이라면, 하기 이외의 학습 활동들은 간접체험이라고 할 수 있다. 온전한 축구는 직접체험과 간접체험의 적극적이고 창의적인 융합으로 가능하다.

인문적 스포츠

1. (과학적 스포츠와 대비되는 개념으로서의) 인문적 스포츠(체육)는 크게 2가지 수준에서 이해할 수 있다. 첫째는 패러다임 수준이다. 둘째는 구체적 활동 수준이다. 패러다임 수준은 말 그대로 체육을 바라보는 총체적인 시각, 관점, 철학으로서의 인문적 스포츠다. 패러다임 수준의 인문적 스포츠는 안목이자 태도이다. 구체적 활동 수준은 우리가 실제로 행하는 것, 그 활동의 결과 등으로 가시적으로 확인하고 볼 수 있다.

2. "구체적 활동으로서의 인문적 스포츠"가 바로 현재를 사는 우리에게 요긴한 개념이다. 실제적 수준에서 인문적 스포츠는 "인문적으로 향유하는 스포츠"[12](또는 스포츠를 인문적으로 향유하는 것)를 말한다. 이것은 2가지 양식으로 확인하고 체험할 수 있다. "인문적으로 향유하는 스포츠"로서의 인문적 스포츠는 "인문적으로 수행하는 스포츠"와 "인문적으로 표현하는 스포츠"가 있다.

3. "인문적으로 수행하는 스포츠"는 과학적 지식을 운동 수행시 적용시키는 것처럼, 인문적 지혜를 운동 수행시 활용하는 것이다. 스포츠 행위에 (스포츠)문학, 예술, 역사, 철학, 종교적 지혜를 적용시켜서 실행하는 것이다. 이러한 행위 자체(과정)와 그 행위로 얻어진 결과를 모두 인문적으로 수행되는 스포츠라고 부른다. 우리에게 익숙하지 않은 양식의 스포츠다. (스포츠)문학적 지혜를 어떻게 농구를 향유하는 것에 적용시킬 수 있을까? 깊게 고민해서 찾아내야만 하는 인문적 스포츠의 양태다.

4. "인문적으로 표현하는 스포츠"는 운동수행을 분석하여 그것으로부터 과학적 지식을 추출해내는 것처럼, 운동체험에 숨겨진 인문적 지혜를 드러내는 것이다. 문학, 예술, 역사, 철학, 종교적 활동에 스포츠를 소재로 삼아 표현하는 것(작품들)이다. 이러한 행위 자체(과정)와 그 행위로 얻어진 결과를 모두 인문적으로 표현되는 스포츠라고 부른다. 이미 우리 주변에 널려있는 양식의 스포츠다. 우리는 그리스 시대부터 각종 운동들로부터 시, 소설, 회화, 조각, 성찰의 계기와 결과를 얻어 내어왔다.

5. 이 두 가지 인문적 스포츠는 모두 진선미 가치를 추구한다. 반면에 과학적 스포츠는 다대고 가치를 추구한다. 우리의 현실 속 체육은 이 두 가지 종류의 스포츠가 모두 필요하다. 뉴 노멀로 올드 노멀을 완전히 대치하지 않는다. 체육의 뉴 노멀은 올드 노멀과 함께 체육의 신세계를 열어낼 것이다. 이론 속에서는 물과 기름처럼 섞이지 못하지만, 현실 속에서는 패러다임으로서의 인문적 스포츠와 패러다임으로서의 과학적 스포츠는 공존한다. 우리는 각자 선호하는 것에 원하는 수준만큼 힘을 더 주면 된다.

6. 새는 두 발로 서서 양 날개로 난다. 체육이라는 붕새는 진선미 가치와 다대고 가치의 두 발로 우뚝 서서, 과학적 스포츠와 인문적 스포츠의 양 날개를 칠 때에만 남쪽 큰 바다로 날아갈 수 있다.

(12) "향유되는"은 수동태와 현재형으로 표현된 것이다. 능동태로 "향유하는", 과거형으로 "향유된"의 형태로도 사용될 수 있다. 즉, "인문적으로 향유되는/향유된, 인문적으로 향유하는/향유한 스포츠"가 모두 포함되었다. "수행하는, 표현하는" 단어도 동일.

생각거리
Chapter 1 ————— 더 생각하고 이야기해볼 문제들

01 "스포츠 리터러시"라는 개념은 왜 동시에 운동소양과 운동 향유력으로 옮겨져야 하는가?

02 "스포츠교육"의 개념 정의와 "스포츠 리터러시"의 개념 정의 는 어떻게 관련되어 있는가?

03 인문적 스포츠교육의 5가지 특징들 각각은 어떠한 깊은 의 미를 지니고 있는가?

Chapter **2**

스포츠교육의 내용

1 ── 가장 중요한 것

"스포츠 가르치기"에서 가장 중요한 것은 무엇일까? 나는 지금 핵심이 되는 요소를 묻는 것이다. 스포츠 가르치기에서 핵심은 무엇인가? 목적, 내용, 대상, 방법, 또는 시설, 제도, 재정 등등이 그 요소들일 것이다. 전자는 본질적인, 즉 기초적인 요소들이고, 후자는 이차적인, 즉 부차적인 요소들이라고 할 수 있다. 이 책에서 나는 기본적이고 본질적인 요소들을 다루고 있다. 목적, 내용, 대상, 방법 등등이 모두 중요할 것이다. 모두 중요하니 기본적, 본질적이란 표현으로 언급하지 않는가? 열 손가락 깨물어서 안 아픈 데가 있을까?

나는 그 중에서도 보다 더 중요한 것을 묻고 있는 게다. 그리고 이것은 절대의 문제가 아니다. 반드시 이것 또는 저것이 최종적으로 중요하다고 모든 이가 합의를 이룰 수 없는 문제다. 이것은 선택의 문제다. 개개인의 가치에 따른 선택일 뿐이라는 게다. 모두가 중요하기 때문이다. 각각의 관계의 총체가 스포츠 가르치기라는 현상과 과정을 형성해낸다. 그 총체에서 가장 중요하다고 어떤 것을 파악하는 것은, 개개인이 서로 다른 개인차를 보일 수밖에 없는 것이다.

나의 선택은? 나는 "내용"이다. 스포츠 가르치기에서의 내용은 무엇인가? 내용은 content, subject matter, 교과 등으로 불리는 것이다. 스포츠 가르치기에서의 내용은, 물론, 당연히, "스포츠"다. 스포츠교육에서 "가르치는 내용"은 스포츠인 것이다. 스포츠는 무엇인가?

일차적으로 말하여, 스포츠는 축구, 농구, 야구, 골프 등과 같은 경쟁적 게임 활동들이다. 이차적으로 말하여, 스포츠는 이것들을 포함한 다양한 신체활동들을 포함하여 지칭한다. 즉, 엑서사이즈, 플레이, 댄스 등의 신체활동들이다.

"스포츠교육"으로서 스포츠 가르치기는 스포츠라고 통칭할 수 있는 교육내용을 가르치는 것을 기본이자 본질로 삼고 있다. 스포츠교육은 스포츠를 가르치고 배우는 과정이자 노력이다. 지도자가 학습자로 하여금 현재 배우는 내용인 스포츠를 제대로 습득하도록 애쓰는 것을 스포츠 가르치기라고 한다. 지도자가 지니고 있는 스포츠라는 내용을 학습자에게 온전히 전달하여 자기 것으로 만들도록 하는 것이 바로 스포츠 가르치기요 스포츠교육이다.

이 장에서는 스포츠교육의 핵심으로서 내용에 대해서 한 번 살펴본다. 그런데, 벌써 고개를 갸우뚱하며 의아해하는 독자의 모습이 보인다. 도대체, 내용으로서 스포츠에 대해서 살펴볼 것이 있는가? 어떤 종류의 스포츠 종목들(농구, 핸드볼, 또는 수영 등)이 내용이 될 수 있는가를 알아볼 것인가? 이것은 사회적으로 인기 있는 종목들이 그 첫 번째 순위이지 않은가? 그런데, 사실, 교육내용으로서 스포츠에는 알아야 할 것들이 상당히 많이 들어있다.

여기에서는 가르치는 내용으로서의 스포츠에 대해서 두 차원으로 살펴본다. 첫째, 스포츠라는 교육내용 범주에 들어오는 다양한 종류의 신체활동들은 무엇인가? "스포츠"라고 불리는 신체활동의 정체는 단일하지 않다. 스포츠라는 내용은 매우 다양한 신체활동들이 포함되는데, 그것들이 어떤 것들이 있는지 한 번 살펴본다. 둘째, 신체활동으로서 스포츠는 어떤 측면들로 구성되어 있는가? 모든 종류의 신체활동에 공통적으로 들어있는 요소들은 무엇인가를 탐색해본다. 다시 말하여, 여기에서는 교육내용으로서의 스포츠에 대해서 외재적 차원과 내재적 차원으로 나누어서 알아보는 것이다.

2 ── 다양한 종류의 스포츠

스포츠는 일군의 다양한 신체활동들을 포괄적으로 일컫는 대표명사다. 다양한 신체활동의 종류는 어떤 것들이 있는가? 농구, 축구, 야구 등 종목 수준의 다양한 활동들을 묻는 것이 아니다. 이것보다 한차원 높은 범주 구분을 의미하는 것이다. 즉, 농구, 축구, 야구는 모두 하나의 공통 범주에 속한다고 할 수 있다. 경쟁적 게임활동이다. 이것들은 구체적 범주의 하나로서의 스포츠들이다.

그러니, 스포츠는 대표명사로서의 스포츠와 내용범주로서의 스포츠, 이렇게 두 가지 수준에서 파악할 수 있겠다. 전자는 큰 의미의 스포츠이고, 후자는 작은 의미의 스포츠다(이하, 큰 스포츠와 작은 스포츠라고 부르도록 하겠다). 비유하자면, 큰 스포츠는 동물계에 속하고, 작은 스포츠는 포유류, 양서류, 조류, 어류 등의 하나다. 자, 그렇다면, 다른 신체활동들은 어떤 것들이 있는가?

간단히 살펴보자. 우선, "엑서사이즈"exercise 라고 부르는 신체활동들이 있다. 보통 "운동"이라고 옮겨지며, 체력을 증진시키기 위한 목적으로 찾아지고 고안해낸 신체운동들을 말한다. "무브먼트"movement 는 "동작"이라고 일컬어지고, 굽히기, 펴기, 돌리기, 들기 등 가장 기본적인 신체적 움직임들을 통틀어 말한다. 그리고 "댄스"dance 는 "춤, 무용"으로 불리며, 정서와 생각을 몸동작으로 표현해내려고 착안해낸 신체적 율동을 말한다.

우리말로 한 번 정리해서 표현해보자. 신체활동, 동작, 운동, 움직임, 활동, 춤 등등이 있다. 그런데, 내가 오랫동안 고민하고 정리해보니 영어로 구분하면 좀 더 이해가 빠르고 쉬울 수 있다. 스포츠란 단어 자체가 영어에서 온 것이며, 유사한 활동들이 사실 서양적 맥락에서 탄생하고 이름 붙여진 것이라서 어쩔 수가 없는 듯하다. 동양과 한국에서는 그것을 한문으로 옮기거나 한글화시켜서 번안하는 수동적인 수용에 그쳤음을 부인할 수 없는 실정이다.

최근 들어서는, 특히 자연과학과 건강을 추구하는 그룹에서, 다양한 신체활동들을 일괄적으로 "신체활동"physical activity, PA 으로 지칭하는 것이 일반화되었다. 엑서사이즈는 체육관이나 피트니스센터 내에서 하는 특별한 운동들이라고 규정한다. 걷기, 물건 옮기기 등 일상생활에서 하는 신체적 움직임 전체를 포괄하여 부르는 종합적인 명칭으로 "신체활동"으로 통칭한다. 이런 의미에서의 신체활동은 큰스포츠와 동의어라고 불러도 무리가 없다. 가르치는 내용으로서의 신체활동을 다양한 종류(형태, 형식 등)로 분류하여 제시하는 몇 사례를 살펴본다.

가장 먼저, Hoffman(2009)은 체육분야에서 다루는 신체활동을 크게 Exercise와 Skilled Movement의 두 형태로 분류한다[13]. 엑서사이즈는 신체단련과 신체재활을 위하여 고안된 특정 운동동작들을 말한다. 기술적 움직임은 스포츠와 발육발달적 기술로 세분한다. 스포츠는 축구, 야구 등 경쟁적 게임, 놀이 활동을 의미하며, 발육발달적 기술은 아동기에 필요한 뛰기, 던지기, 차기 등 기본움직임기술이나, 노인기에 식사, 세면, 빗질 등의 기본생활 활동에 익숙해져야 하는 기술등을 의미한다.

Vanderswaag(1972)는 Sport, Play, Games, Athletics의 네 가지를 분류한다[14]. 이중 애슬레틱스는, 일상적인 경우에는 스포츠와 거의 동의어로 사용하지만, 경쟁적 성격이 뚜렷한 스포츠 종목을 덜 경쟁적인 스포츠 종목들과 구분하기 위해서 사용한다. Felshin(1972)은 "움직임 형식"이라는 표현을 사용하며, Sport, Dance, Exercise 세 가지를 언

---

[13] Hoffman, S. (2009). *Introduction to Kinesiology*(3rd ed). Champaign, IL: Human Kinetics.

[14] Vanderzwaag, H. (1972). *Toward a philosophy of sport*. London: Assison-Weslery Publishing Company.

급한다[15]. 춤/무용을 포함시킨 것이 차별성을 보이고 있다.

Charles(2002)는 "다양한 인간움직임의 형식들"이라는 표현을 선호하면서, 자신만의 독특한 분류법을 선보인다[16]. 인간움직임은 세 가지 형식으로 분류될 수 있는데, 그것은 Sportive movement, Symbolic movement, Supportive movement이다. 스포츠 움직임은 바로 운동 경기활동을 가리킨다. 스포츠 종목은 물론, 스포츠 게임을 잘 하기 위한 기술들도 포함한다. 상징적 움직임은 신체를 매개체로 사용하여 생각과 감정을 표현하는 신체활동이다. 지원적 움직임은 특정 생활 스타일을 유지하기 위해서 필요한 기능적 성격의 신체활동을 말한다. 건강관련 신체활동들이다.

나는 스포츠, 또는 신체활동을 7가지로 분류하고 있다. 최의창(2018)은 인간이 찾아내고 만들어낸 신체활동의 양식들을 7가지로 분류한다[17]. 이것들은 외형적 모습과 내면적 추구의 측면에서 어느 정도 구분되는 것들이다. 그 7가지는 무브먼트, 엑서사이즈, 마샬 아트, 스포츠, 레저, 댄스, 그리고 플레이다. 무브먼트는 가장 단순한 기계적 성격의 신체적 움직임이다. 고개를 돌리는 것, 손을 드는 것,

---

(15) Felshin, J.(1972). *More than movement: An intorduction to physical education.* Philadelphia: Lea & Febiger.

(16) Charles, J. (2002). *Contemporary Kinesiology*(2nd ed.). Champaign, IL: Stipes Publishing.

(17) 최의창(2018). 코칭이란 무엇인가. 서울: 레인보우북스.

앉았다 일어서는 것 등 기능적인 신체적 동작을 이야기한다. 엑서사이즈는 건강과 체력을 위해서 개발된 특정한 동작들의 연속이나 동작의 집합이다. 웨이트 트레이닝, 요가, 체조, 필라테스 등의 신체활동을 말한다.

마샬 아트 martial arts 는 무도, 무예, 또는 무술이라고 부르는 특별한 신체활동 유형이다. 자기 보호과 전투의 실용적 목적이나 자기 수양의 수련적 이유를 위하여 가르쳐진다. 유도, 태권도, 쿵푸, 검도 등 전 세계적으로 오랜 기간동안 인간이 찾아 만들어내고 정련시킨 신체활동이다. 스포츠는 협소한 의미에서 현재 세계인이 열광하는 올림픽 경기나 월드컵 경기에서 보이는 운동이다. 특정 규칙하에서 상대방과 대적하면서 승부를 겨루는 신체활동이다. 수많은 관중이 함께 참여하면서 가장 인기있는 신체활동으로 성장하였다.

레저 leisure 는 재미를 충족시키기 위하여 행하는 신체활동으로서 경쟁보다는 흥미의 추구, 승리보다는 자기실현의 차원에 보다 더 관심을 갖도록 한다. 낚시, 등산, 조깅, 행글라이딩, 스킨 스쿠버 등의 활동이다. 여기에 경쟁의 차원이 덧붙여지면 스포츠화되기도 한다. 댄스는 예술적 지향성을 갖는 활동이지만 체육적 장면에서 널리 활용되는 신체활동이다. 발레나 한국춤과 같이 전통적 형태의 댄스는 물론 힙합, 라인댄스, 댄스 스포츠 등 상대적으로 새로이 개발된 댄스들이 각광을 받고 있다. 마지막으로 플레이는 술래잡기, 잣치기 등 신체활동이 많이 관여되는 비교적 단순한 구조를 지닌 놀이형 활동이다.

나는 이 일곱 가지 활동을 묶어서 "신체활동 스펙트럼"The Spectrum of Physical Activity 이라고 부른다(표 1). 그런데, 이것들은 그냥 생겨난 것이 아니다. 이 다양한 형태의 신체활동은 인간이 살아오고 문화를 영위하면서 찾아내고 만들어온 것들이다. 인간이 지닌 생리적, 문화적, 철학적 욕구들로 인해서 생겨났다고 할 수 있다. 각각의 신체활동은 인간의 본능적 욕구라고 할 수 있는 내외적 필요를 충족시켜주는 기능과 역할을 한다. 매슬로는 모든 인간이 지닌 원초적인 욕구를 생리적 욕구, 안전의 욕구, 소속 및 애정의 욕구, 자존의 욕구, 자아실현의 욕구의 5가지로 정리해서 제안하였다. 그리고 후에 인지적 욕구와 심미적 욕구의 2가지를 더 추가하여 7가지로 수정하였다[18].

앞의 4개를 결핍욕구라고 하며 생물적, 감정적 존재로서 기본적으로 충족되어야만 하는 것들을 정리하였다. 이것들은 필요한 만큼 얻어지면 감소하는 특성을 가지고 있다. 뒤의 3개는 성장욕구라고 하며 보다 더 나은 존재가 되기 위해서 추구된다. 메타 욕구라고도 하며 자신의 인간적, 실존적 본모습을 찾으려고 하는 방향으로 성장하기 위한 욕구이다. 이것은 쉽사리 충족되지 않으며 최종적인 성취로 만족하는 단계가 없이 지속적으로 채워져야만 하는 특징을 지닌다. 매슬로우는 이 욕구들을 위계적으로 배열하고 낮은 곳에서 높은 곳

[18] 에이브러험 매슬로(2018) 매슬로의 동기이론. 소슬기(역). 서울: 유엑스리뷰. 에이브러험 매슬로(2021). 동기와 성격(제3판). 오혜경(역). 서울: 연암서가. 참고.

으로 피라미드형으로 제시하였다.

사람이 만들어놓은 신체활동들도 인간의 기본욕구들을 채워주는 기능을 한다. 사실, 이러한 인간의 활동들은 기본적 필요를 충족시켜 나가는 과정에서 창조된 것들이라고 보아야 할 것이다. 내가 보기에, 7가지 각각의 신체활동들은 7가지의 인간 욕구를 만족시켜나가는 과정에서 찾아진 것들이다. 나는 그 7가지 인간의 욕구를 생존, 건강, 보호, 경쟁, 흥미, 표현, 실현이라고 간주한다. 매슬로의 아이디어를 기반으로 하여, 우리에게 주어진 신체활동들 각각의 특성들을 분석하고 그에 좀더 적합한 내용으로 재구성한 것이다.

표 1 신체활동 스펙트럼과 인간욕구의 관계

신체활동 인간욕구	Movement	Exercise	Martial Arts	Sport	Leisure	Dance	Play
Survival							
Health							
Protection							
Competition							
Fun							
Expression							
Actualization							

7가지 신체활동(운동, 큰 스포츠)은 생존부터 실현까지의 모든 목적을 위해서 적절하게 활용될 수 있다. 발을 내어 딛는 기계적 움직

임이 비좁은 산길을 걸어가야 할 때는 생존을 위해서 쓰인다. 하지만, 어린 아이들은 뛰고, 던지고, 구르는 활동들의 조합을 통해서 순간적으로 자신을 표현하고 실현하는 의도까지 성취할 수 있다. 움직임 교육이란 바로 그러한 목적을 위해서 개발된 동작교육 방식이다. 무용도 생각과 감정의 표현을 위한 예술적 욕구 지향성이 높지만, 밥벌이를 위한 생계의 수단으로, 또는 우울증을 치료하고 신체적 건강을 유지하기 위한 도구로서 활용되기도 한다.

이것이 내가 생각하는 가르치는 내용으로서의 작은 스포츠들, 즉 신체활동들이다. 이것들은 서로 구분되는 신체활동들로서, 최소 7가지의 다양한 스포츠 가르치기가 전개되도록 해준다. 각각의 신체활동들은 그 세부내용으로 들어가면 또 매우 다양해져서, 우리 개인들은 대부분 서로 다른 내용들을 가르치게 된다. 포유류에도 태반류, 유대류, 단공류가 있고, 곤충류에도 무시류와 유시류가 있듯이 말이다. 신체활동의 특성이 매우 달라서 여러 형식의 활동들을 동시에 지도하는 것은 일반적이지 않다.

가르치는 내용은 일차적으로 이러한 방식으로 생각될 수 있다. 즉, 다양한 형식, 또는 종목중심으로 이해할 수 있다. 그리고 이것이 상식이다. 스포츠교육의 교육내용은 이러한 형식을 갖춘 다양한 종목들인 것이다. 인간이 문명을 만들어오면서 오랫동안 발견하고 개발하여 다듬고 전수시켜온 문화적 가치를 갖는 활동들이다.

3 ── 다양한 층위의 스포츠

앞에서 무브먼트, 엑서사이즈, 마셜 아츠, 스포츠, 레저, 댄스, 놀이로 이해하는 것은 내용의 겉과 밖을 살펴보는 것이다. 내용에 대해서 생각하는 두 번째 접근은 내용의 속 안을 깊이 들여다보는 것이다. 이 말은 무슨 뜻인가? 내용의 "속 안"이란 무엇이며, 그런 것이 실제로 있는가? 나는 있다고 생각한다.

어떤 종류의 신체활동이든지, 그것이 인간의 문화 속에서 오랫동안 행해져 온 것이라면, 그것은 3가지 층위層位(차원)로 이루어지게 된다. 그 세 층위는 기능, 지식, 정신이다. 기능技能의 층위는 신체적 기술의 측면이다. (얼마나 어떤 식으로 구사하는 가는 천차만별이겠지만) 몸을 사용하여 기술을 발휘하는 차원이다. 축구는 슛, 드리블, 패스 등 일차적으로 이런 기술들의 집합체라고 할 수 있다. 대부분의 우리에게는 기능의 차원이 바로 그 내용의 전부다. 스포츠 가르치기는 기능 가르치기라고 간주한다.

지식知識의 차원은 기능과 그 발휘에 관여하는 인지적, 명제적 지식의 측면이다. 탐구를 통해서 얻은 기술적 체험을 글로 정리한 것, 각종 학술적 개념을 활용하여 얻어낸 지식 등이다. 그 종목을 사랑하는 애호가들의 체험과 생각을 명제적 지식의 형태로 옮겨낸 에세이, 평론, 사설, 소설, 시 등이 있다. 전문연구자들이 신체활동에 관하여 체계적 절차를 통해서 얻어낸 심리학, 사회학, 철학, 역사학, 생리학, 생체역학적 전문지식들이 있다. 모든 신체활동 안에는 이러한 지식의 차원이 녹아들어 있고, 그것들은 추출되거나 정제될 수 있다.

정신情神의 차원은 신체활동의 본령과 가치에 해당하는 차원으로서 기능이나 지식처럼 가시화되지 않는 느낌과 정서의 측면이다. 잘 알려진대로, 대표적인 스포츠의 정신은 "스포츠퍼슨십"이다. 정정당당하게 최선의 노력을 다하는 것이다. 한 종목에서도 정신의 측면이 분명한 경우가 있다. 럭비의 정신은 "하나는 모두를 위하여, 모두는 하나를 위하여"one for all, all for one다. 궁도의 정신은 "일사일생"一射一生, 화살 하나에 전 일생을 건다이다. 매번 최선을 다한다는 것이다.

당연히, 우리가 매일 보고 하는 신체활동 자체가 이러한 구조로 되어있다는 것은 믿기가 쉽지 않다. 하지만, 한 번 생각해보자. "사람"은 무엇으로 되어있는가? 보통 우리는 심신, 영육 또는 심신혼 등으로 되어있다는 표현을 일상적으로 사용한다. 몸과 마음, 영혼과 육신, 몸과 마음과 영혼 등등. 2가지나 3가지로 구성되는 존재라고 말한다(이 구성이 피자조각처럼 2개나 3개로 합쳐진 형태인지, 아니면 지구단층처럼 2층이나 3층으로 겹쳐져있는지는 비유하기 나름이다).

전통적으로 우리는 사람을 이루는 각 부분(또는 층위)이 온전히 잘 발달한 상태를 "온전한 사람"whole person이라고 부른다. 지덕체가 골고루 조화롭게 성장한 이가 바로 전인全人이라는 이다. 이런 사고방식을 스포츠에 적용한 것이 바로 방금 내가 언급한 스포츠 3층 구조론이다. 스포츠(큰 스포츠)는, 즉 모든 신체활동은 그것이 온전한 모습일 때에는 기능, 지식, 정신의 세 층위(부분, 국면, 측면)로 구성된다. 나는 각각을 편의상 기技, 식識, 혼魂이라고 부른다. 축구는 축구기, 축구식, 축구혼의 세 요소로 되어있는 것이다[19].

이런 이유로 나는 기, 식, 혼의 세 차원이 골고루 잘 발달되어있는 신체활동을 "온전한 스포츠"whole sport 라고 부른다. 스포츠 가르치기는 다름아니라 호울 스포츠 가르치기가 되어야하는 것이다. 기·식·혼 중 어느 하나에 함몰된 가르치기는 그것을 제대로 배울 수 없기 때문이다. 그런데, 사실, 모든 신체활동은 호울 스포츠다. 사람이 태어날 때부터 몸과 마음과 영혼을 지니고 태어나듯이, 모든 신체활동에는 기능과 지식과 정신의 차원이 모두 녹아들어있다. 가르칠 때에 어느 측면에 강조가 주어지느냐에 따라 조각난 배움, 편향된 학습이 발생하는 것이다.

가르치는 내용에 대해서 이런 방식으로 생각하는 것은 일반화되어 있다. 교육 분야에서는 오래 전부터 이미 하나의 상식화된 아이디어다. Henderson(1961)은 "교과"와 "교과의 이름"을 구분하고, 교과를 가르쳐야지 그 이름만 가르쳐서는 안된다고 주장한다[20]. Bruner (1960)도 교육내용의 차원을 "토픽"과 "사고방식"으로 구분하고, 토

---

[19] 최의창(2021). **스포츠 리터러시 에세이.** "호울 스포츠" 참조.

[20] Henderson, K. (1961). Uses of "subject matter". In B. Smith and R. Ennis (Eds.), *Language and concepts in education*(pp. 43-58). Chicago: Rand McNally.

픽은 내용의 이름에 불과하며, 그 내용을 이해하는 동안에 거치게 되는 인지의 과정이 사고방식이라고 설명한다[21]. 이홍우(1978)도 "사실"과 "원리"의 두 측면으로 나누고, 사실을 넘어서 원리로서 가르칠 것을 강조한다[22].

Oakeshott(1967)는 "정보"와 "판단"이라고 하는 두 가지 구성요소로 결합되어있다고 말한다[23]. 정보는 지적 활동의 결과로 얻어진 개념이고 언어로 표현될 수 있다. 정보는 사실, 규칙, 명제 또는 법칙의 형태로 언어화된다. 판단은 언어화되지 못하는 능력이다. 문제를 해결하는 형태나 지성을 발휘하는 형태 속에서 드러난다. 판단은 정보가 아니다. 그것은 언어화하기가 원칙상 불가능한 요소다. 다만, 이 둘이 따로 존재하는 것이 아니다. 이것은 모든 내용에 존재하는 두 측면이다.

스포츠 영역에서는 이러한 사고가 드물지만 전혀 없지는 않았다. 동양적 사고방식이 깊게 배어있는 무도 영역에서 그런 모습이 흔하다. 모든 마샬 아츠에는 기技의 차원과 도道의 차원이 있다. 겉으로는 기의 차원만이 부각되지만, 진짜 중요한 것은 도의 차원이다. 도

---

[21] Bruner, J. (1960). The process of education. 이홍우(역)(2017). 브루너 교육의 과정(개정판). 서울: 배영사.

[22] 이홍우(1978). 지식의 구조와 교과. 서울: 교육과학사.

[23] Oakeshott, M. (1967). Learning and teaching. In R. Peters(Ed.). *The concept of education*(pp. 156-176). New York: Routledge and Kegan Paul.

가 결여되거나 부족한 기의 연마와 숙달은 껍데기만 추구하는 것이다. 알맹이는 결국 도다. 그러나 알맹이는 껍데기 속에 들어있을 뿐이다. 그러니, 껍데기는 중요하다. 기의 숙달과 함께 도도 성숙되어 나간다.

> 무예의 신체적 기법들은 부분에 불과하며, 무예의 정신적 차원과 동떨어져서 습득될 수 있다. 이럴 경우 우리는 어떤 테크닉의 이면에 담겨진 깊은 의미를 이해하지 못하거나 소화해내지 못한 채 수년간 손을 휘두르고 발을 내찰 수도 있는 것이다. 이럴 때 바로 무예는 단순 몸 기술이 돼버리고, 다른 신체활동들과 아무런 차이도 없이 되어 버리는 것이다[24]. (p. 65)

나는 그 층위를 두 가지가 아니라 세 가지로 구분했을 뿐이다. 그리고 그것이 무예 속에만이 아니라, 모든 신체활동 안팎에 들어있다고 간주한다. 내게는 기능, 지식, 정신의 세 가지가 어떤 신체활동에도 모두 들어있는 것으로 파악된다. 스포츠 가르치기는, 개념상, 기·식·혼 가르치기이기 때문이다. 이 세 가지가 없으면 그것은 가르쳐질 내용으로서의 가치가 없는 파손된, 또는 부족한 (즉, 온전하지 않은) 교육내용에 그친다. 이런 것은 호울 스포츠 가르치기가 아니라, 파셜

---

[24] F. Chu(2003). *The martial way and its virtues.* Boston: YMAA Publication Center.

스포츠 가르치기로만 멈추기 때문이다.

야구의 기·식·혼 세 차원을 모두 가르치는 것은 당연히 쉽지 않다. 사실, 야구 게임을 즐기기 위해서는 기술의 차원만 익혀도 충분하다. 야구에 관련된 서사적 지식이나 학술적 개념들을 잘 안다고 야구 경기 실력이 곧바로 정비례해서 향상되는 것도 아니다. 특히, 야구의 정신은 실체도 모호하고 따라서 가르치기도 난감하다. 이런 상황에서 야구 기·식·혼을 온전하게 가르치는 것은 불가능하고도 불필요하다는 주장은 힘을 얻는다. 하지만, 정말로 그러한가? 정말로 그렇게만 가르쳐야할까? 이것은 가치와 선택의 문제다.

4 ── 실천전통으로서의 교육내용

가르치는 내용에 대해서 이렇게 두 가지 방식으로 살펴보았다. 한편으로, 외적으로 드러나는 모습과 특징의 차이에 주목하여 신체활동들을 구분하였다. 서로 다른 형식의 신체활동들을 7가지로 분류하여 내용의 종류들을 나누어보았다. 다른 한편으로, 각 신체활동들이 공통적으로 갖춘 요소들을 내적으로 파고들어 알아보았다. 모든 운동들을 구성하는 세 가지의 기본차원(또는 측면)을 파악하였다.

첫 번째 방식은 상식적 방식이다. 대부분의 사람들에게 상식이 되어있다. 그래서, 우리 체육과 교육과정도 이런 방식으로 늘 체육과 교육내용들을 선정하고 분류해왔다. 오랜 전통은 "육상, 체조, 수영, 개인 및 대인 종목, 무용"(그리고 이론) 등으로 구분하는 것이다. 2000년대에 새로 시작된 방식은 (서양에서 새로 시작된 게임분류 방식을 차용하여서) 건강운동과 함께, 영역형, 표적형, 기록형, 필드형 게임, 그리고 표현활동 등으로 분류하고 있다. 2022년 개정 체육과 교육과정에서는 크게 운동, 스포츠, 표현으로 나누고 그 안에서 더욱 세분화된 중, 소영역을 나누고 있다. 겉으로 차이나 보여도, 큰 접근은 모두 종목형으로 분류하는 것이다.

두 번째 방식은 비통상적 방식이다. 적어도 일반적 수준에서는 그렇다. 세 가지 구성 요소 중에서 기술과 지식의 측면에 대해서는 충분히 납득할 수 있다. 하지만, 정신의 차원은 다른 문제다. 이것은 과학적으로나 학술적으로나 확인되지도 않았을 뿐만 아니라, 인정되지도 못한 그런 새로운 측면이다. 신체활동에 "정신"이라는 것이라니? 물론 동양적 스포츠인 무도나 무예의 경우에는 그런 차원에 대하여 인정할 만하다. 그렇지만 엑서사이즈나 무브먼트나 레저 등의 신체활동에도 그런 것이 있을 수 있는가? 바로 수용하기가 쉽지 않다.

그런데, 나는 여기에 한 가지를 더하고자 한다. 각각의 신체활동들의 안과 밖을 살펴보는 이 두 가지 방식 이외에, 교육내용으로서 큰 스포츠(작은 스포츠도 물론)를 이해하는 한 가지 다른 방식이 있다. 이것은 교육철학적 접근에서 파악되는 방식으로서, 조금 복잡하다. 설상가상의 상황을 만들 수도 있겠지만, 매우 중요한 방식이며, 내가 여기서 개진하려고 하는 스포츠교육론을 소개하기 위해서는 반드시 살펴보고 알려야만 한다.

이 세 번째 방식은 가르치는 내용을 매우 크게 생각한다. 유형적인 것과 무형적인 것의 결합으로 생각한다. 가르치는 내용을 "실천전통" a practice 으로서 간주한다. 실천전통이라고 하는 것은 단순히 지식이나 기능의 체계적 집합체를 넘어서는 실체다. 실천전통은 그 안에 지식체, 규범체계, 공동의 가치, 기능 등등이 모두 들어있는 "종합세트"와 같은 존재다. 매킨타이어, 허스트, 홍은숙 등 실천전통교육관을 주장하는 이들에 따르면, 사회적으로 확립된 협동적인 인간활동, 모종의 일관되고 복잡한 형식, 탁월성의 기준, 내적 가치, 덕, 규칙에 대한 복종, 역사적 전통의 발전, 구성원의 성장 등이 관여되어 있다[25].

실천전통이라는 것은 사회적으로 확립된 협동적인 인간활동의 모종의 일관되고 복잡한 형식을 가리킨다. 실천전통은 그 활동형식에 적합하고 또한 그 의미를 부분적으로 규정하는 탁월성의 기준을 가지면서, 그것을 성취하는 과정에서 그 활동형식의 내적 가치를

---

[25] 홍은숙(2007). 교육의 개념: 실천전통에의 입문으로서의 교육. 서울: 교육과학사. 유재봉(2002). 현대교육철학탐구. 서울: 교육과학사. 나는 이 모든 것을 묶어 "기·식·혼"이라고 하는 세트로 정리한 것이다.

실현한다. 그 결과 탁월성을 추구하는 인간의 능력과 관련된 활동의 목적과 가치에 대한 인간의 사고가 체계적으로 확장된다. 실천전통을 이렇게 이해할 때, 틱택토 혹은 축구공 던지기는 실천전통이 아니지만, 체스나 축구는 실천전통의 예가 될 수 있다. 벽돌쌓기는 실천전통이 아니지만, 건축은 실천전통이며, 무심기는 실천전통이 아니지만, 농경은 실천전통이다. 물리학, 화학, 생물학의 탐구, 역사학자의 작업, 미술이나 음악 등도 모두 실천전통이 될 수 있다. (MacIntyre, 1984, pp. 187-188)[26]

다시 말하면, 스포츠 가르치기는 실천전통으로 스포츠를 가르치는 일이다. 스포츠 가르치기에서 가르칠 내용을 실천전통으로 간주한다는 말이다. 모든 신체활동을 실천전통으로서 지도한다. 축구를 실천전통으로서 가르친다. 축구를 게임으로만 가르치지 않는다. 경기시합, 즉 게임은 축구라는 실천전통의 일부분일 뿐이다. 그리고, 기능만을 강조하지 않는다. 축구의 내적 가치, 규칙, 역사적 전통 등등과 같은 규범적이고 정신적인 차원까지도 중요시한다. 다시 말하여, 축구 가르치기는 축구라는 실천전통에 입문하는 것을 의미한다.

---

[26] MacIntyre, A. (1984). *After virtue: A study in moral theory*(2nd ed.). Notre Dame, IL: University of Notre Dame Press.

사실, 실천전통교육관에서는 교육을 실천전통에의 입문으로 간주한다. 스포츠교육의 경우, 그것은 스포츠 실천전통에의 입문이다. "입문"이라는 표현은 습득, 숙달을 훨씬 뛰어넘는 의미를 갖는다. 실천전통의 다양한 특징과 요소들을 함께 내면화시킨다는 것을 가리킨다. 몸에 익숙하게 만드는 것을 넘어서, 뼈와 살에 녹여 들이는 것, 마음속에 깊이 각인시키는 것까지 의미한다. 입문이란 그 세계에서 사는 것, 그 세계의 한 일원이 되는 것을 말한다. 축구의 모든 것을 속속들이 흡수하도록 만드는 것이 바로 축구 가르치기[27].

결혼의 비유가 이해에 도움이 될 수도 있다. 기혼자들은 결혼이 당사자들 간의 결합을 넘어서는 일임을 강조하고는 한다. 남편과 아내만의 관계가 중심이 되지만, 그 관계만으로 멈추는 것이 아니라는 말이다. 결혼은 하나의 공동체의 일원이 된다는 것을 의미한다. 남편이나 아내의 가족과 친족에 새롭게 편입되는 것이다. 이것은 거부할 수도 없고 회피할 수도 없는 일이다. 스포츠를 배우는 일도 마찬가지다. 축구를 배운다는 것은 축구라는 실천전통, 즉 하나의 총체, 하나의 인간문화를 통째로 받아들이는 것이다. 또는 반대 방향에서 말하여, 그 안으로 들어서는 것이다. "입문"이라고 부르는 이유다.

---

[27] 실천전통교육관을 체육교육에 직접적으로 적용시켜 언급한 경우는 최의창(2014). 융복합적 인재양성을 위한 교육적 접근과 체육교과의 시도. **교육연구와 실천**, 80, 41-60.

스포츠철학자들도 스포츠에 대한 실천전통적 관점을 지지하고 있다. 가장 먼저 Arnold(1997)는 스포츠가 문화적으로 가치있는 인간의 실천전통 a culturally valued human practice 이라고 간주하면서, 실천전통적 스포츠관 a practice view of sport 을 천명하고 있다[28].

스포츠에 참여하는 것은 전 세계에 걸친 실천전통의 공동체에 한 일원이 되는 것이다. 각 회원은 권한은 물론이고 책임도 지니게 되며, 그 실천전통에 내재적인 가치들(도덕적인 것 포함)에 헌신하고 실제로 살아낼 것을 기대된다. (p. 6)

내가 강조하고 싶은 것은, 어떤 사람이 스포츠라는 실천전통에 입문하게 되면, 그이는 그 실천전통의 중요한 개념이나 신체적 기능을 이해하고 실천하는 데에 헌신하는 것과 동일하게, 그것에 본질적으로 붙박혀있는 도덕적 요청들에도 복종해야만 한다는 점이다. (p. 4)

Feezell(2004)도 스포츠가 실천전통의 하나라고 강조하며, 실천전통 공동체에 참여하는 것의 의미를 설명한다[29].

---

[28] Arnold, P. (1997). *Sport, ethics and education.* London: Cassell.
[29] Feezell, R. (2004). *Sport, play & ethical reflection.* Chicago: University of Illinois Press.

실천전통은 협동적 인간활동의 하나로서, 실천전통의 공동체는 관심, 기대, 그리고 목적을 공유한다. 스포츠의 영역에서, 공동체를 하나로 묶어주는 시합활동 자체를 말하며, 시합활동은 선수 한 개인이 스스로의 성취와 정체성을 비추어 확인하는 탁월성의 표준을 만들어내는 상위의 실재. 선수 각 개인들이 주의를 집중시켜서 특정한 가치와 미덕을 성취시키기를 요구하는 것이 바로 그 스포츠 자체이며, 성취한 것이 함께 공유하는 훌륭한 좋은 것으로 받아들여질 때 시합활동 즉 종목 자체가 그 혜택을 받게 된다. (p. 146)

그리고 실천전통에 참가한다는 것은 그것에 내재적인 가치와 선들을 추구하게 된다는 것도 일러준다.

어떤 스포츠에 참여하는 것은 하나의 실천전통, 즉 "사회적으로 확립된 협동적인 인간활동"에 참여하는 것이다. 실천전통의 핵심 구성요소들을 떠올려보라. 실천전통에의 참가는 내적 가치들을 실현시키는 노력을 요청한다. 이런 가치善들, 좋은 것들은 해당 실천전통의 주요특징을 이루는 탁월성의 표준들에 비추어 정의된다. 어떤 실천전통에 내재적인 가치들을 성취하려는 노력에는 특정한 탁월성을 구현하려는 열망을 포함한다. 이 열망은 오로지 당사자가 그런 기준의 권위성을 이해하고 복종할 경우에만, 그리고 그 실천전통을 규정하는 룰이나 가이드라인에 순종함으로써만 가능하다. (p. 145)

세태가 개인중심적인 방향으로 흘러가고, 가족관계도 당사자중심으로 형성되어감에 따라, 결혼이 가족 전체와 친족 공동체와의 결합이라는 사고방식이 힘을 잃어가고 있기는 하다. 하지만, 여전히 그 의식은 존재하며 실제로 작용한다. 반면에 스포츠 가르치기에는 공동체적 사고가 많이 약하다. 그렇지만, 스포츠 가르치기는 바로 공동체에 입문시키기 과정에 다름 아니다. 호울 스포츠로서 축구는 (즉, 호울 축구는) 기·식·혼을 균형있게 가르치려고 하는 과정에서, 당사자들이 의식을 하건 못하건, 실천전통으로서의 축구에 입문시키는 일을 하게 된다.

축구를 실천전통으로 가르침으로서, 축구라는 실천전통에 입문함으로써, 배우는 이는 "축구인"이 된다. 이때의 축구인은 대한축구협회에 선수로 등록된 소수의 특정인을 의미하는 것이 아니다. 축구를 진정으로 좋아하고 사랑하는 축구팬, 축구애호가를 의미한다. 실천전통으로서의 축구에 입문된 사람이다. 축구라는 인간의 문화활동 공동체 안으로 발을 내딛은 이를 말한다. 대한체육회와 대한축구협회로부터 법적, 행정적 인정을 받은 사람으로서의 축구인이 아니라, 인간의 문명된 삶의 한 전통, 하나의 문화를 내면화한 사람으로서의 축구인이다[30].

---

[30] 스포츠를 실천전통으로 보는 이외의 스포츠철학자들로는 McNamee, M. (1995). Sporting practices, insitutions and virtues: A critique and restatement. *Journal of*

통상적으로 실천전통으로서의 스포츠(신체활동)는 현실에서 하나의 종목의 형태로 우리에게 체험된다. 다만, 이때는 그 종목의 경기방법이나 운동방법만이 아니라, 관여된 모든 측면들이 총체적으로 체험된다. 스킬 축구가 아니라 호울 축구로서 체험되는 것이다. 호울 축구를 위해서는 축구의 역사, 철학, 문학, 예술, 종교, 과학적인 다면적 체험이 필요로 된다. 축구 소설, 시, 회화, 조각, 음악, 기도, 묵상, 식사, 영양 등을 다양하게 맛보아야 한다. 호울 축구 체험만이 올바른 스포츠 가르치기의 성과를 약속한다.

현실의 상황에서, 가르치는 내용을 실천전통으로서 이해하는 것은 스포츠를 하나의 "종합세트"로 취급해야 함을 의미한다. 경기와 게임은 스포츠의 한 부분, 가장 쉽게 드러나고 가시적으로 두드러진 부분에 불과함을 명심하여야 한다. 특히, 규범과 가치의 영역에 대한 민감성을 높이고, 윤리적이고 도덕적인 차원에 대한 신중한 태도를 유지해야만 한다. 각각의 신체활동에 담겨져 있는 내적 가치들이 운동기능과 지식이 전달될 때에 함께 옮겨져가야만 한다. 축구를 가르치는 것은 축구적인 가치, 축구의 기준을 몸과 마음속에 내면화시키고, 그에 따라 행동하고 생각하고 느끼며 살아간다는 점을 인식해야만 한다. 이것이 바로 축구에 입문한다는 말의 진정한 의미다.

---

the Philosophy of Sport, 22, 61-82. Hardman, A. & Jones, C. (Eds.)(2011). *The ethics of sports coaching.* London: Routledge. 등이 있다.

5 ── 스포츠 가르치기를 위한 온전한 내용

처음 생각했던 것보다 조금 복잡해졌다. 가르치는 내용은 우리가 평상시에 알고 있던 것보다 복잡한 개념들이 관여되어있다. 물론, 우리는 가르치는 내용에 대해서 쉽게 생각할 수도 있고, 어렵게 생각할 수도 있다. 나는 여기서 쉬운 것부터 어려운 것까지 간단히 세 가지 이해방식을 소개한 것이다. 우리의 매일매일에서 가르치는 내용은 간단하다. 그것은 여러 가지 신체활동들이다. 그 신체활동들은 외적인 특징들이 분명하다. 모두가 서로 다르고, 그 다른 것들을 잘 수행할 수 있도록 가르치면 된다. 이것이 스포츠 가르치는 이의 첫 번째 임무다.

그러나, 가장 중요한 임무인가? 그럴 수도 있고 아닐 수도 있다. 나는 아니라고 생각하는 입장이다. 이것은 필수조건이지만 충분조건은 못된다고 생각한다. 여기서 시작해야겠지만, 이것이 종착점은 아니라는 말이다. 게임경기에서 시작하지만, 지향처와 종착지는 실천전통이어야 한다. 당연히, 게임경기 자체가 실천전통의 한 중요한 측면이다. 하지만, 이것은 게임스포츠일 뿐이다. 나는 호울스포츠까지 가르쳐야 한다는 주의다. 이것이 스포츠교육자의 가장 중요한 임무다. 이런 노력을 기울이는 스포츠교육자는 스포츠 페다고그라고 불릴만 하다[31].

호울 스포츠를 가르치기 위하여 교육내용에 대한 삼차원적 이해가 필요한 시점이다. 여기에 소개한 세 가지 방식의 이해말이다. 필수적 첫걸음으로 두 가지 노력을 기울여주길 권면한다. 첫째, 축구, 수영, 테니스, 달리기 등에 붙박혀 있는 기·식·혼 세 차원에 대한 상세한 공부가 필요하다. 이미 이런 세 차원을 하나로 지니고 있는 스포츠인을 찾아 그로부터 배우기를 적극 권장한다.

이런 훌륭한 분, 적어도 어느 한 차원이라도 특출난 분이 주변에 없으면, 다양한 매체를 통해서 학습해야 한다. 책이 가장 손쉽고도 값싸게 구할 수 있는 도움이다. 기술서적이 아니고, 문학서적을 추천한다. 축구인 자서전, 소설, 시, 에세이 등을 권한다. 영화나 유튜브 등도 일반화되어있다. 하지만, 서적이 최고다. 축구나 수영이나 테니스 등 회화, 조각이나 사진, 연주나 노래 등의 미술과 음악의 예술적 체험도 권장한다. 단순한 신체활동에 숨겨진 세계를 좀 더 확장시킬 수 있는 계기가 마련된다.

가르치는 이는 지금 가르치고 있는 테니스 스트로크, 수영 자유형, 농구 숏, 달리기 주법 등등의 내용들이 보다 더 넓고, 높고, 깊은 차원을 지니고 있음을 알려주고 예측하고, 또 그래서 희망하고 갈망하도록 해야 한다. 배우는 이의 학습동기를 불러일으키는 것이 가르치는 이의 첫 번째 교수 조건이지 않은가? 야구와 테니스의 운동기능

〈31〉 "스포츠 페다고지"에 대한 설명은 제5장 참고.

을 잘 발휘하는 것 말고도, 그 안에 담겨진 진과 선과 미적 차원들, 그리고 가치들이 있음을 알 수 있다면, 어느 누가 더 배우고 싶어 하지 않을 것인가?

수학은 수식을 활용한 문제풀이, 물리는 공식을 이용한 현상이해, 국어는 법칙을 적용한 문장 분석에 그치면 얼마나 재미없는 배움인가? 그런데 대부분의 우리는 이렇게 배우고 이만큼만 이해하는 데 그치고 있지 않은가? 숫자로 해석하는 이 세상의 아름다움, 자연현상에 숨어있는 과학의 법칙, 그리고 문학적으로 담아낸 우리의 생활과 인생 등등은 사라져버리고 말이다. 배운 것이 독이 되는 역설적 현상이 생겨난 것이다. 스포츠 가르치기도 그런 일이 비일비재하다. 운동 기능 숙달만이 스포츠의 전부로 치부되어 버렸으니 말이다. 이 지독한 오해는 결국 가르치는 내용에 대한 일차원적 이해에 근거해서 발생한 것이다.

더 생각하고 이야기해볼 문제들

01 이 장에서 구분한 7가지 신체활동의 원형들은 얼마나 설득력이 있는가?

02 스포츠의 내용을 "기·식·혼"으로 구분하는 것의 장점과 단점, 그리고 대안은 무엇인가?

03 스포츠(축구, 무용 등)를 "실천전통"으로 간주하고, 그것을 가르치려고 할 때 어떠한 특별한 노력이 필요한가?

Chapter **3**

스포츠교육의 방법

1 ―― 방법에 관한 태도

스포츠 가르치기에 관해서 내용 다음에 생각해야할 주제는 방법이다. 가르친다는 것은 이미 방법이라는 것을 함의하고 있다. 스포츠 교육이라는 주제에 있어서는, 내용도 방법이라는 것을 고려하지 않고는 고심할 이유가 없다. 이 둘은 한 짝으로 간주되고 취급되어야만 한다. 내용과 방법은 동전의 앞뒷면과 같다. 어떤 것을 생각하든지 간에, 다른 것을 떠올리지, 의식하지 않을 수가 없는 개념들이다.

이 점을 받아들였다면, 다음 생각은 내용과 방법의 관계를 설정하는 것이다. 이 말은 무슨 말인가? 내용과 방법은 서로 어떤 관계에 있는지를 묻는 것이다. 나는 방금 "동전의 앞뒷면"이라는 비유를 들었는데, 이것도 그 관계 중 하나의 모습을 보여주는 것이다. 동전은 앞과 뒤의 두 면으로 되어있다. 그런데, 이 둘은 한 면을 보면, 다른 면은 동시에 볼 수 없다. 전면과 후면, 표면과 이면의 관계로서 이 둘을 한 시점에서 한꺼번에 맨눈으로 포착하는 것은 가능하지 않은 관계라는 말이다.

크게 두 가지 방식의 관계지음을 생각해볼 수 있다. 하나는 "무관계"無關係라는 관계지음이다. 즉, 내용과 방법은 관계가 없는 관계를 가지고 있다. 내용과 방법은 서로에 상관없이 각각의 존재만으로 독립적으로 생각할 수 있고 실제할 수 있다는 말이다. "내용 따로, 방법 따로"가 가능하다는 말이다. 사실, 우리는 일상적으로 이러한 가정 하에서 내용과 방법을 생각한다. 그것이 가능하며, 또 그것이 편리하기 때문이다.

내용에 관해서 생각할 때에 방법을 관여시킬 필요가 없고, 방법에 대해서 고려할 때에 내용을 신경 쓸 필요가 없는 것이다. 이것이 "내용 따로, 방법 따로"라는 말이다. 내용은 내용으로만 생각하고, 방법은 방법만으로 생각하면 되는 것이다. 동전의 앞만 보거나, 또는 뒤만 보거나, 하나만 하면 된다. 예를 들어, 농구를 가르칠 때에 농구의 기·식·혼 등등 이런 것들에 대한 고민은 불필요하다. 농구는 슛, 드리블, 패스 등으로 구성된 5명이 하는 공놀이 게임이다. 이것은 (긍정적 코칭이든, 협동 학습이든) 어떤 방법으로든 효과적으로 가르칠 수 있게 된다.

두 번째 방식은 "유관계"有關係의 관계지음이다. 내용을 생각하면 방법을 고려해야하고, 방법을 생각하면 내용도 고민해야 한다는 말이다. 그런데, 단순히 양쪽이 서로에게 영향을 미친다는 양방향성의 관계가 아니다. 그 관계에 방향성이 있다. 그것은 일방향성이다. 만약 우선순위를 생각해야 한다고 하면, 그것은 물어볼 것도 없이 내용 먼저, 내용 우선이다. 내용이 방법에 우선하고, 방법은 내용에 의존한다는 말이다. 방법은 내용에 이미 숨어들어있고 내용으로부터 나온다[32].

교육에서는 "가르치는 활동"을 방법중심적으로가 아닌 내용중심적으로 바라보는 입장이 있어왔다(이홍우, 2009)[33]. 조영태(1997, 2003)

는 가르치는 내용과 방법의 분리를 형식주의와 방법주의로 부른다(34). 형식주의는 "그 의미나 혹은 정신이라고 할 만한 것은 알지 못한 채 형식 그 자체, 즉 그 외양에만 관심을 기울이는 것"(p. 118)을 말한다. 방법주의는 수업 내용에는 무관심한 채, 수업 방법에 지나친 관심을 기울이는 것이다. 가르치는 방법을 내용과 상관없이 절차나 형식위주로 파악하는 것(수업방법의 실체화)으로는 어느 정도의 성과를 얻어낼 수 있지만, (교과)교육의 본질에 가까이 가지는 못한다.

그 본질을 추구하기 위해서는 교사들은 수업방법이 아니라 수업 내용에 관심을 기울여야 한다. 교사들은 그 내용면에서 높은 수준에 이르러 자기 교과를 실행해야 하며, 그 교과의 안목이나 정신을 스스로에게 내면화해야 한다. 이렇게 되면, 교사들은 교과서에 갇히는 것이 아니라 그것을 이용하게 되며, 수업방법의 노예가 되는 것이 아니라 그것을 부리게 된다. (p. 119)

---

(32) 최의창(2022). 인문적 체육교육과 하나로 수업(제2판). 제7장 체육교육의 방법 참조.
(33) 이홍우(2009). 교육의 개념. 서울: 교육과학사. 조영태(2021). 교육과정모형론(I): 목표모형, 내용모형, 과정모형. 서울: 교육과학사.
(34) 조영태(1997). 수업방법의 실체화. 중등우리교육, 1월호, 114-119. 조영태(2003). 수업을 한다는 것, 수업을 잘한다는 것. 중등우리교육, 2월호, 42-45. 조영태 (2003)에 따르면, 형식주의에서는 내용과 방법의 관계를 "내용 + 방법"(加法的)으로 이해한다고 표현한다. 하지만, 그는 내용과 방법은 "내용 × 방법"(乘法的)으로 관련되어있다고 주장한다.

지리교육의 입장에서 박승규(2019)도 지리를 가르친다는 것은 지리를 가르치는 방법이나 교수법의 문제가 아니라고 강조한다[35]. 그것은 오히려 "지리란 무엇인가?"를 묻는, 지리와 지리학의 본질에 대한 탐구이다. 그는 수학 가르치는 것에 대한 허쉬의 논의를 차용하면서, 지리를 가르치는 것은 지리(학)의 존재론적 의미에 대한 탐구를 요청한다고 주장한다.

> 허쉬(Hersh)는 수학을 가르친다고 했을 때, "수학을 가르치는 제일 나은 방법이 무엇인가?"라고 묻는 것은 잘못이라 비판한다. 오히려 수학을 가르친다는 것은 "수학은 진정으로 무엇인가?"를 물어야 한다는 것이다. 수학을 가르친다는 것이 수학의 본질에 맞서지 않고는 해결될 수 없는 문제라는 것이다(Earnet, 2004). 그런 점에서 허쉬는 수학을 가르친다는 것이 방법론적이고 교수법적인 차원을 넘어서는 문제라고 생각한다. (p. 138)

나는 가르치는 일을 "가르침의 내용물이 그것의 성격에 합치한 상태대로 그것을 배우는 사람의 몸과 마음속에 그대로 내면화되도록 하는 일"(최의창, 2010, p. 241)이라고 규정한다[36]. 그래서 스포츠를

---

[35] 박승규(2019). "지리를 가르친다"는 것의 인문학적 의미. 대한지리학회지, 54(1), 135-146.
[36] 최의창(2010). 가지 않은 길 2: 인문적으로 체육보기. "스포츠코칭론: 호올코칭론" 참조.

가르친다는 말은 스포츠가 그것의 특징을 소실하지 않고 배우는 사람의 몸과 마음속에 깊숙이 들어앉도록 돕는다는 것을 의미한다. 이 말은 그다지 명확하지 않다. 하나하나 풀어헤치는 노력이 필요한 문장이다. 특히, "그것의 성격에 합치한 상태대로"와 "몸과 마음속에 그대로 내면화되도록"이 그렇다.

이 두 문구는 방법이 내용에 의존하는 것임을 알려준다. "배움"(학습)이란 것은 결국 내용이 배우는 이(학생, 회원, 선수 등)에게 온전하게 전달된 상태를 말한다. "온전하게"라는 말은, 우리의 내용관에 따라 말한다면, 농구의 기·식·혼 전부가 흠집나지 않은 상태로 전달된 것을 뜻한다. 배우는 이의 몸과 마음(그리고 더 나아가 영혼) 속에 변질되지 않은 채로 안착되어진 상태를 말한다. 전달 방법의 종류와 방식이 전달되는 내용의 성격과 특징에 의해 결정되어야 하는 이유다[37].

그리하여 내용과 방법의 관계에 대한 나의 입장은 후자다. 내용은 방법을 규정한다. 방법은 내용에 의존한다. 현실적으로는 다른 요인들에 의해서 영향을 받지만, 개념적으로는 이런 관계를 맺고 있다. 나의 관심은 현실적인 측면에 있지만, 우선적으로 개념적인 측면에 대해서 먼저 상세히 살펴본다. 전자의 관계, 즉 무관계적 관계에 따

---

[37] 최의창(2010). 가지 않은 길 2: 인문적으로 체육보기. 제3부 "인문적으로 체육가르치기" 참조.

른 방법에 대한 논의와 실제 기법에 대해서는 너무도 많이, 다양하게
다루어졌으며 제안되었기 때문이다[38]. 여기에 하나를 덧붙이는 것은
아무런 의미가 없다. 하지만, 후자에 대한 개념적 논의와 아이디어는
다르다.

2 ── 내재적 방법과 외재적 방법

자, 이런 두 가지 상태에 있는 방법에 이름을 좀 붙여주자. 그래서
구분이 조금 명확해지도록. 먼저 내용과 관련이 없는 형태로 방법을
생각하는 것, 또는 내용과 관련이 없는 방법을 "외재적 방법"이라고 하
자. 방법이 내용의 바깥에 존재한다는 뜻이다. 내용과는 상관없이 있
는 방법이다. 반면에, 내용과 관련이 있는 방법은 "내재적 방법"이라고
부르자. 내용의 안에 들어있는 방법, 내용의 안쪽에 존재하는 방법이
라는 뜻이다. 지금 당장은 어색하게 들리는 명칭이지만, 정확한 이름
이다(뒤에 설명할 또 다른 이유에 비추어서도 제대로 된 명칭이다).

이제, 방법에 대한 나의 관심은 내재적 방법이라고 말할 수 있다.

---

[38] 교수기법과 교수모형을 다룬 대표적 서적들로는 미국학자들인 Muska
Mosston, Daryl Siedentop, Michael Metzler, 그리고 Judith Rink의 저서가 우리
나라에서 특히 잘 알려져 있다.

내용과 연관을 맺는 방법이다. 내가 이제부터 말하는 방법은, 적어도, 내용을 고려하면서 고민하는 방법에 관한 이야기이다. 물론, 모든 방법이 내재적 방법인 것은 아니다. 오히려, 현실에서는 외재적 방법이 더 효과를 발휘한다고도 할 수 있다. 합리적인 개념적 근거를 가지고, 나름의 체계를 갖추고, 오랫동안 최선의 노력을 기울이면, 배우는 이에게 목표한 어떤 변화라도 오지 않겠는가? 지성이면 감천이라는데 말이다.

그렇기는 하지만, 우리로서는 내재적 방법에 대해서 더 고민하고 고려해야만 한다. 그것이 올바른 태도이기 때문이다. 먼저 취해야하는 태도이기 때문이다. 이런 태도로 방법을 대해야지만, 올바른 가르치기를 할 수 있기 때문이다. 가르치기가 올바로 이해되고 실천될 수 있기 때문이다. 가르치기는 배우는 이 바깥에 있는 내용을 배우는 이 안쪽으로 고스란히 옮겨놓는 행위이기 때문이다. 가르치기라는 인간의 가치로운 활동, 즉 교육은 결국 내용이 주가 되는 활동이다. 내용의 온전한 습득을 통해서 배우는 이의 변모를 도모하기 때문이다.

가르치는 내용을 고려한 가르치는 방법에 대하여 근자에 제안된 유명한 교육적 아이디어가 있다. 그것은 "내용교수지식"pedagogical content knowledge 라는 것이다. 미국의 교사교육학자 Lee Shulman (1987)이 제안한 개념이며, 이후 가장 많은 교육학적 관심을 받은 개념으로 인정되어왔다[39]. 이것은 교사교육의 맥락에서 소개된 개념인데, 교사는 인문대학, 사회대학, 자연대학의 졸업생들이 갖지 못한 내용에 관련된 특별한 지식을 사범대학에서 개발한다는 아이디어다. 즉, 수학, 국어, 과학 등 교과내용을 가르치는 데에 필요한 교수방법적 지식을, 기타 대학들의 졸업생들과는 다르게, 습득하여 발달시키고 있다는 말이다.

슐만의 제안 이후, 교과별로 이 내용교수지식에 대한 연구가 봇물 터지듯 이어졌고, 40여년이 지난 지금도 여전히, 이전과 같은 열기는 아니지만, 약간의 변형과 개선이 더해진 채 진행되어오고 있다. 교과별로 사정이 다르기는 하지만, 내용을 반영하는 방법의 정확한 정체와 구체적 모습이 명확하게 드러나지 않고 있기 때문이다. 그리고, 너무나 내용에 세밀하게 연결되어 있기 때문에, 내용 별로, 내용마다 그 정확한 방법을 찾는 것 자체가 불가능에 가까울 정도의 난이도와 분량을 가진 것으로 조금씩 드러나기 때문이다.

이러한 어려움에는 학교에서 가르치는 내용의 성격이 큰 원인으로 작용한다. 도대체가 내용이란 것이 딱 정해져 있지도 않고, 그것의 의미를 해석하는 방식도 다양하기 때문이다. 역사나 문학 같은 인문학문적 내용, 사회나 경제 같은 사회학문적 내용, 그리고 수학이나 물리 같은 자연과학적 내용들에서 편차와 격차가 발생하기 때문이다. 다만, 상대적으로 수학, 과학 등 자연과학적 내용들에 대해서는

⟨39⟩ Shulman, L. (1987). Knowledge and teaching: Foundations of the new reform. *Harvard Educational Review,* 37, 1-22.

중요하다고 판명되는 내용교수지식들이 역사, 문학, 사회 교과에서보다는 조금 더 명확하게 찾아지고는 있다.

나는 여기서 이러한 내용교수지식, 아니 내용교수방법을 자세하게 교과별로 살펴볼 의향이 없다. 그럴 역량도 없다. 아니, 누가 이런 역량이 있겠는가? 사실, 그럴 필요도 없다. 우리로서는 내재적 방법이라는 아이디어에 대한 개념적 이해를 하는 것으로 만족해야 한다. 그리고 그것으로 충분하다. 적어도 여기에서는 그렇다. 스포츠교육학을 이야기하는 여타 다른 곳에서 진지하게 이에 대해 고민해보지 않았기 때문이다. 일단 우리로서는 한번 그것을 진지하게 해보는 것으로 충분하다. 스포츠라는 내용을 가르치는 방법이란 것에 대해서 말이다.

3 ──── 내재적 방법의 또 다른 차원

앞서 가르치는 방법을 대할 때에 고려해야 할 것 첫 번째로 내용을 이야기하였다. 첫 번째라는 표현은 그 다음의 것들도 있을 수 있음을 살짝 알려준다. 두 번째가 있다. 여럿 더 있을 수 있지만, 이 장에서는 두 번째까지 만으로 제한하도록 하겠다(사실, 세 번째는 배우는 이다). 우리로서는 그것으로 충분하다. 그것은 "가르치는 사람"이다. 가르치는 방법에 대한 생각은 가르치는 사람에 대한 생각이 반드시 반영되어야 한다. 가르치는 방법은 가르치는 사람(의 특성)이 고려되고 고민되어야 한다. 그것은 가르치는 사람에 의존한다고 말해도 된다.

가르치는 활동은 가르치는 이를 가정하고 있다. 가르치는 일이 사람의 손을 타지 않고, 또는 사람을 통하지 않고 저절로 진행되지는 않는다. 물론, 기계가 가르치거나 온라인 프로그램을 통해서도 배울 수 있다. 하지만, 그것은 우리가 고민하는 그런 가르치기가 아니다. 우리는 가르치는 사람에 의해서 매개되는 스포츠 가르치기에 대해서 알아보고자 하는 것이다(혹시라도 기계학습을 선호하시는 분은 이쯤에서 책장 넘기기를 그치시기를). 물품 택배가 배달기사의 손을 거치지 않고는 이루어질 수 없는 것처럼 말이다(물론, 드론배달이란 방식도 있지만 아직은 택배기사의 배송으로 진행된다).

여기에 또 다른 복잡하고도 미묘한 문제가 발생한다. 방법은 내용에 의해서 규제받으며, 사람에 의해서 구현된다. 방법은 가르치는 이(이하 교육자 또는 강사와 혼용)를 벗어나서는 존재할 수 없다. 아니, 존재하지 않는다. 적어도 현실과 현장에서는 존재하지 않는다. 가르치는 활동은 가르치는 사람에 의해서만 그 모습을 드러내며 그 목적을 성취하게 된다. 가르치는 일은 가르치는 사람에게 있다. 또는 가르치는 방법은 가르치는 사람이 "가지고 있다(지니고 있다)"고 말할 수 있다. 가르치는 사람에게 "들어있다"고도 할 수 있다.

여기에서 내재적 방법이라는 명칭의 또 다른 측면이 드러난다. 즉, 방법은 내용의 안쪽만이 아니라, 교육자의 안쪽에도 위치한다는 것이다. 그래서 가르치는 내용에 내재적인 만큼, 가르치는 사람에게도 내재적인 것이다. 가르치는 방법의 이러한 내재적 특성 두 가지(내용 내재성과 강사내재성이라고 부를 수 있을까?)는 매우 중요하다. 방법에 있어서 본질적인 특성들이다. 가르치는 방법을 생각하고 이야기할 때에는 내용내재성과 강사내재성에 대한 고려가 반드시 들어있어야만 한다.

물론, 그동안에 가르치는 방법에 대해 생각할 때에 강사내재성에 대한 고려가 전혀 없었던 것은 아니다. 특히, 당연한 일이지만, 가르치는 내용을 여러 층, 여러 측면으로 생각해 온 이들에게서 그러한 경향을 찾을 수 있다. 내용을 정보와 판단으로 구분했던 Oakeshott (1967)는 가르치는 방법을 "교수"敎授 와 "전수" 傳授 로 구분한다. 또는 "직접 전달"instructing 과 "간접 전달"imparting 이라고 구분하기도 한다[40]. 교수는 말로 직접적으로 내용에 관한 정보를 전달한다는 것이다. 전수는 행동이나 느낌으로 간접적으로 판단으로서의 내용을 전한다는 것이다.

정보는 언어로 표현할 수 있는 특징 때문에 가르치는 이의 설명으로 직접 전달할 수 있다. 반면에 판단은 언어로 표현될 수 없어서 정보가 전달되는 과정에서 드러나지 않게 간접적으로 전달된다. 그런데, 판단은 정보를 교수하는 것과 별도로 따로 전수되는 것이 아니다. 정

---

[40] Oakeshott, M. (1967). Learning and teaching. In R. Peters(Ed.). *The concept of education*(pp. 156-176). New York: Routledge and Kegan Paul.

보와 동시에 알게 모르게 간접적으로 전수되는 것이다. 판단은 정보의 전달에 수반되는 어조라든가 몸짓을 통하여, 슬쩍 한마디 하는 여담이나 간접적인 언급을 통하여, 교사가 보여주는 규범을 통하여 겉으로 드러나지 않게 은밀히 녹아들어간다. 오우크쇼트에 따르면, 간접전달은 가르치는 이의 사람됨과 분리되어서 이루어지지 않는다.

교육철학자 Fenstermacher(1992)도 방법에 대한 이러한 태도를 보여준다. 그는 교사가 가르치는 행위를 "기법"method 과 "매너"manner 로 구분한다[41]. 기법이란 내용을 전달하려는 목적을 지닌 사람이 활용하는 다양한 가르치기 행동이다. 계획하기, 설명하기, 평가하기 등등의 활동이 그 예다. 다른 이에게 기술이나 정보나 개념을 전해주기 위해서 사용하는 기술, 전략 등이다. 매너란 "어떤 이의 특징이나 성향을 드러내는 행위에 대해서 적용하는 표현이다. 열정, 이기심, 배려심, 성실, 편협함, 저열함, 인내심 등과 같은 특징들을 말한다. 어떤 이가 사려 깊다거나 건방지다라고 말할 때, 우리는 그 사람의 매너에 대해서 말하는 것이다"(p. 97). 일상적 표현에 잘 드러나 있듯, 매너는 그것을 지닌 사람의 인간성과 사람됨의 발현방식이다.

오우크쇼트나 펜스터마허 모두 가르치는 방법의 독특한 차원과 특

---

[41] Fenstermacher, G. (1992). The concept of method and manner in teaching. In F. Oser, A. Dick, & J. Patry(Eds.). *Effective and responsible teaching*(pp. 95-108). Philadelphia: Lea & Febiger.

성에 대해서 언급하고 있는 것이다. 전달과 기법은 명백히 외재적 방법에 대해서 말하고 있다. 즉 내용과 상관없는 전달의 테크닉인 것이다. 이것은 글자화되어 명문화될 수 있는 방법이다. 우리가 항상 볼 수 있고, 습득할 수 있는 교수 테크닉들이다. 그런데, 전수와 매너는 글자로 옮겨 적는 것이 (거의) 불가능한, 또는 매우 어려운 가르치는 기예들이다. 내재적 방법들로서 교수 테크닉이라고 부르기 어려운(아까운), 또는 섭섭하고 뭔가 안 어울리는 술기術技들이다. 흰 종이에 검은 글자로 객관적으로 명문화되는 것이 (거의) 가능하지 않은 측면이다.

내재적 방법은 그것이 그것을 구사하는 사람의 인간 됨됨이에 깊이 관계하기 때문이다. 그것은 그 사람의 안에 들어있는 기술로서 당사자의 스타일에 함께 묻어 나오기 때문이다. 스타일은 어떤 사람의 외현적인 겉모양만을 지칭하는 것이 아니다. 그것은 그 이의 안과 밖에 전체적으로 뭉쳐져서 행동과 지성과 태도로서 드러나는 종합적인 개인적 성향이다. 스타일은 때로 매너라고 불리기도 한다. 매너는 한 개인의 생각과 태도가 그대로 드러나는 행동에 대해서 붙이는 이름이다. 한 개인의 매너는 그 사람의 스타일인 것이다.

4 ── 가르치기의 기법적 차원과 심법적 차원

내재적 방법에 관해서 좀 더 이야기해보자. 이제까지 내재적 방법은 가르치는 내용과 가르치는 사람의 특징을 반영하는 가르치는 방법이라고 설명했다. 외재적 방법은 그런 것에 대한 고민없이, 그냥 방법을 생각하면 된다. 그런데, 이것이 실제 상에 있어서는 하나의 방법 안에 존재하는 두 가지 차원들이다. 외재적 방법과 내재적 방법은 실제로 서로 따로 존재하는 두 가지의 방법이 아니다. 이 두 방법은 사실적으로 분리되어 존재하는 것이 아니다. 이것들은 개념적으로 구분되어 이해될 뿐이다. 나는 지금까지 개념적 구분을 한 것이다. 방법의 특별한 성격을 드러내기 위해서.

모든 교육방법에는 두 측면(차원이라고 해도 된다)이 존재하는 것이다. 외재적 측면과 내재적 측면이다. 나는 이 두 측면에 테크닉과 퍼스닉이라는 명칭을 붙이도록 하겠다. "테크닉" technique 이라는 표면적 측면과 "퍼스닉" personique 이라는 이면적 측면이다. 모든 교수방법은 테크닉적 차원과 퍼스닉적 차원으로 되어있다. 나는 전자는 "기법" 技法, 후자는 "심법" 心法 이라고 부른다. 교육방법은 사람이 펼쳐내는 방법이기 때문에, 기법적 차원과 함께 심법적 차원이 함께 펼쳐지게 된다. 아니, 펼쳐질 수밖에 없다. 스포츠 가르치는 일은 기법과 심법의 동시적 구사 행위다[42].

---

[42] 테크닉과 퍼스닉의 구분과 특징에 대한 보다 자세한 설명은 최의창(2020). 한 장 글쓰기: 스포츠교육 에세이. "운전은 인격입니다: 가르치는 방법의 다차원성과 중층성" 참조. 현상학적 교육학자 Max van Manen(2015). *Pedagogical tact*. (김종

통상적으로 방법에 대해서 이야기할 때, 우리는 테크닉을 생각한다. 어떤 목적을 성취하는 구체적인 노하우다. 즉 기술적 방안, "술기" 術技다. 기법이라고 부르는 이유다. 체계적 절차를 따라 진행하는 과정적 술기다. 단순에서 복잡한 수준까지 있으며, 그에 따라 교수기술, 교수방식, 교수전략, 교수모형, 교수론 등등으로 확장되어진다. 그 수준에 상관없이, 이것들은 모두 기법(또는 기법들의 모음)이다. 기법의 특징은 그 절차를 차근차근, 제대로 따르면 주어진 목표를 성취할 수 있도록 해준다는 약속이다. 객관적이고 절차적인 특징을 지님으로써 언제 어디서 누가 실행하더라도 높은 성공률을 보장한다.

그런데, 가르치는 행위는 사람에 의해서 구사된다. 지도방법은 "사람"에 의해서 실행되기 때문에, 그 방법에는 사람의 행위 때문에 생겨나는 특징이 담겨질 수밖에 없다. 순수한 테크닉만으로 행사될 수 없다는 말이다. 현실적으로 더더욱 그렇다. 나는 교수방법의 이 측면을 지칭하기 위하여 "퍼스닉"이라는 단어를 찾아내었다. 사람됨으로 펼쳐지는 지도방법(적 차원)을 의미한다. 이것은 가르치는 사람의 개인적, 개성적, 인간적 특성이 테크닉에 실려서(묻어서, 배어서, 스며

훈, 조현희(역)(2022). 가르침의 묘미. 서울: 학지사)이 강조하는 "pedagogical tact"(교육적 감각, 지혜, 슬기)와도 연결될 수 있는 개념이다. 스포츠교육의 기법과 심법의 중간지점에서 이 둘을 살펴보려면 유주영(2020). 몸에 배인 지식은 어떻게 가르쳐지는가? 운동감각적 앎의 교수학습과정 탐색. 서울대학교대학원 석사학위논문 참조.

서) 방법적 효과를 발생시키는 것이다.

무슨 말인가? 예를 들면 "전달 매체가 전달 내용이다"the medium is the message라는 잘 알려진 문구가 있다. 매체의 특성 자체가 전달되는 내용이 된다는 말이다. 매체는 전달방법(전달주체)인데 이것이 전달되는 내용 그 자체가 된다는 것을 드러내준다. 예를 들어, 축구를 가르치는 장면에서 드리블이나 슛을 가르치는 기능적인 테크닉이 있지만, 배우는 선수들은 그 전달과정을 진행하는(미디엄) 코치나 지도자가 그 가르치는 내용(슛, 드리블)에 대하여 보여주는, 말해주는, 알려주는 방식(방법)을 통하여 각자 습득하는 내용들이 또 있다는 것이다. 배우는 내용은 표면적으로 슛, 드리블이지만, 배우는 이의 몸과 마음의 내면에 착상着床되는 것은 그 가르치는 사람의 스타일과 함께 묻어나온 슛과 드리블이다.

또 "우리는 스스로를 가르친다"we teach ourselves는 표현도 있다. 중의적 의미를 지닌 말인데, 일차적으로는 가르치는 대상이 자신이라는 말이다. 자기가 자기를 가르치는 자기교육의 상황이다. 이차적으로는 가르치는 내용이 자신이라는 말이다(대상은 타인, 주로 학생). 가르치는 사람은, 의식적이건 아니건, 어떤 내용을 가르칠 때, 그와 함께 자신의 일부분을 가르치는 내용으로 하게 된다. 그 내용을 가르치는 방식의 형태로 자신의 일부분이 묻어 나가고 실려 나가면서 배우는 이에게 전달되는 것이다[43].

이 두 경우에서 드러나는 것은 가르치는 방법이란 것이 가르치는 사람과의 연결과 오버랩 없이는 이해될 수 없다는 점이다. 방법은 그것 독자적으로 성립할 수 있다. 즉, 글자로 세밀하고 정확하게 옮겨져서 종이나 컴퓨터에 기록될 수 있다. 따라야 하는 절차나 과정으로서의 방법, 즉 문자로 옮겨져서 다른 사람에게 소통될 수 있는 형태로 존재할 수 있다. 이러한 형태로 존재하는 방법이 바로 테크닉이다. 또는, 가르치는 방법의 테크닉적 차원인 것이다.

그런데, 종이에 적힌 방법이라도 결국에는 사람에 의해서 "구사"되어야만 방법으로서의 기능을 발휘할 수 있다. 즉, 배우는 이에게 학습을 일으킬 수 있는 것이다. 지도방법이라는 무형물은 사람이라는 매체(미디움)를 필요로 할 수 밖에 없다. 이 매체는 기계가 아니고 살아 숨쉬는, 게다가 생각과 개성을 지닌 존재다. 지도방법을 100% 글자 그대로 동일하게 시전하지 못한다. 결국, 자기화시키는 수밖에 없다. 모든 교육방법은 자기화된 방법이다. 가르치기의 심법이란 바로 이런 측면을 강조하는 개념이다. 사람됨, 인간됨이 펼쳐지면서 발휘되는 퍼스닉인 것이다. 그래서 심법을 "인법"人法이라고도 부른다.

퍼스닉적 차원은 가르치는 이의 개인적 특성에 근거해서 구현된다. 가르칠 때에 꼼꼼하다, 대충이다, 부드럽다, 강하다, 친절하다, 엄하다, 급하다, 느긋하다 등등 개인의 스타일이 펼쳐지는 방식이다.

---

(43) Jackson, P., Boostrom, R., & Hansen, D. (1993). *The moral life of schools*. San Francisco: Jossey-Bass Publishers.

그런데, 퍼스닉은 완전히 구사하는 이의 일방적 행위는 아니다. 퍼스닉은 배우는 이의 상태에 대하여 가르치는 이의 판단이 가미된 대응적 행위다. 배우는 이의 현재 상태에 따라, 그리고 그에 대한 가르치는 이의 교육적 판단에 근거해서 항상 미묘하게 수정되어 구사된다 (물론 무감각한 이는 일방적인 구사를 할 가능성이 높다).

가르치는 이가 잘 가르치고 제대로 가르치고 싶은 마음이 매우 강렬하고, 또 주변 상황이 우호적이라면, 시간이 지나갈수록 가르치는 방법의 이 두 차원(측면)에 대한 의식이 뚜렷해진다. 그것의 자유자재로운 구사력이 높아진다. 이 구사력의 상승, 이것이 바로 잘 가르치게 되는 상태다. 축구를 잘 가르치고 싶다면, 축구지도 테크닉과 축구지도 퍼스닉을 모두 체득해야만 한다. 이 두 가지 방법(방법의 두 가지 차원)을 모두 터득해야만 한다. 그래야, 간절히 원하는 바, "잘" 가르칠 수 있게 된다[44].

퍼스닉은 어떻게 길러지는가? 역사로 증명된 간단한 방법 세 가지가 있다. 첫째, 테크닉을 제대로 익혀야 한다. 퍼스닉은 테크닉을 구사하는 방식에 묻혀서, 실려서 발휘된다고 하였다. 축구 기술과 전술을 배울 적에 그것의 메카니즘적 차원과 정신적, 철학적 차원을 함께 배워

---

[44] 이하 가르치는 방법의 "숨겨진 차원"에 대한 보다 본격적인 논의는 최의창 (2014). 기법과 심법: 교수방법의 잃어버린 차원을 찾아서. **교육철학연구**, 36(3), 127-156 참고.

야 한다 whole sport. 축구기술에 이런 차원이 들어있는가? 믿기 어렵겠지만, 반드시 들어있다. 그것을 분명하고 제대로 들려줄 코치를 찾아라.

둘째, 퍼스닉은 그것을 구사하는 사람의 사람됨과 스타일 그 자체다. 가르치려는 이는 자기 자신의 인간됨을 드높여야 하며, 사고와 행동의 세련됨을 가다듬어야 한다. 축구코치가 되려는 이는 스스로를 보다 나은 사람으로 만들어나가야 한다 whole person. 우리는 스스로를 가르친다! 그러니 참 좋은 어른이 참 좋은 축구 교육자가 된다. 좋은 사람들을 곁에 두고, 그 사람들 곁에 머물고, 그 사람들과 함께 생활하고 일하라.

셋째, 스포츠에 대한 인문적 지혜와 체험을 많이 깊게 가져야 한다. 테크닉과 퍼스닉을 하나로 버무려 맛깔난 가르침을 시전하기 위해서는 사람과 세상과 인생에 대한 속 깊은 이해가 필수적이다 whole life. 이 이해가 자기가 가르치려는 운동종목(축구, 야구, 태권도, 무용 등)에 대한 입체적이고 컬러풀한 요해了解를 가능토록 해준다. 스포츠 소설, 시, 회화, 조각, 사진, 음악, 영화, 연극 등을 꾸준히 섭취하라.

축구 하나 가르치는 데 무슨 이런 복잡한 생각과 과정이 필요한가라고 못마땅한 표정으로 얼굴을 찡그릴 만하다. 뭐, 그렇게 하지 않아도 된다. 그런데, 축구를 "제대로" 가르치고 싶은가? 축구를 "올바로" 가르쳐보고 싶은가? 축구의 기, 또는 기와 식만이 아니라 기·식·혼을 모두 가르치고 싶은가? 그렇다면, 이런 질문을 던지고 그에 대한 답을 찾는 노력은 회피할 수 없는 관문이다.

5 ── 방법의 중층성과 복잡오묘함

Rosenberg(2015)는, 도덕교육이라는 특정 맥락에서, 가르치는 방법의 기법적 차원과 심법적 차원의 존재, 그리고 방법의 외재성과 내재성에 대하여 하나로 묶은 통찰을 보여주고 있다[45]. 장기간에 걸친 사례연구를 통하여 로젠버그는 가르치는 실천방법들이 이분법적 이해를 통해서 명료하게 파악될 수 있다고 말해준다. 그녀가 파악한 교수법적 이분법에는 두 가지가 있다. 하나는 직접적 방법과 간접적 방법, 다른 하나는 형식적 방법과 비형식적 방법이다.

> 간접적 방법들은 교사의 행동이나 행실, 교실 환경, 학생들과의 관계, 자리 배열, 그리고 성격상 도덕적이지 않은 이슈를 놓고 하는 대화 등을 통해서 암묵적으로 매개되는 도덕적 교육을 의미한다. 발달적으로 필요한 훈육, 도덕적 이슈에 관한 토의, 덕목 교수, 봉사학습 활동, 그리고 협동적 교실 생활 등은 명시적, 비명시적인 도덕적 가치가 표명되는 과정들이며, 따라서, 직접적 방법들로 간주된다. (p. 202)

---

[45] Rosenberg, G. (2015). *Portrait of a moral agent teacher: Teaching morally and teaching morality.* London: Routledge.

명시적 방법들은, 덕목 "수업", 문앞에서 학생 맞이하기, 교사의
환경 패키지, 성인이 주도하는 봉사학습, 돌아가며 좌석 앉기 등
미리 계획이 되거나, 또는 이미 진행되고 있는 교육과정과 교실생
활의 주요 특징들을 의미한다. 비명시적 방법들은 즉흥적인 방식
으로 생겨난다. 여기에는, 예를 들어, 덕목 "메시지", 쇼케이스 보
여주기, 훈육하기, 토의하기, 배려하기와 친절하기 등이 포함된다.
(p. 202)

이 두 가지 이분법은 서로 다른 방식의 개념적 구분이다. 이 둘은
서로 교차적으로 연관될 수 있다. 간접적 방법과 직접적 방법 각각은
형식적 방식 또는 비형식적 방식으로 이루어질 수 있는 것이다. 또
는, 완전히 같은 말이지만, 형식적 방법과 비형식적 방법 각각은 간
접적 방식과 직접적 방식으로 진행될 수도 있는 것이다.

이 두 이분법들의 연관성은 분명하다. 간접적 방법들은 자리 배
열 교대하기처럼 형식적으로 실행될 수도 있으며, 아니면 도덕적
행실 본받기처럼 비형식적으로 진행될 수도 있다. 직접적 방법은
덕목수업처럼 형식적으로 구현될 수도 있으며, 아니면 미덕 메시지
처럼 비형식적으로 발현될 수도 있다. (p. 202)

로젠버그의 아이디어는 가르치는 방법에 있어서 도덕적 차원, 인
성적 차원의 가르침이 어떻게 이루어지는지에 대한 중층적 이해(직

접/간접의 차원, 형식/비형식의 차원)를 가능하게 해준다. 즉, 학생의 정의적 영역과 태도적 차원의 교육, 더 나아가 인성교육과 도덕교육은 직접적 방식과 간접적 방식으로, 또는 형식적 방식과 비형식적 방식으로 겹겹이 이루어진다는 것을 구체적 사례를 통해서 보여준다.

로젠버그는 인성적 차원의 성취는 간접적 방식과 비형식적 방식의 방법을 인정하고 수용할 수밖에 없음을 알려준다. 직접적 방식과 형식적 방식의 기법들만으로는 반쪽에 불과하다는 점을 상기시켜준다. 우리에게 있어서는, 축구를 가르침에 있어서 기와 식을 넘어 혼의 차원을 지도하기 위해서는 간접적이고 비형식적 방법의 도움을 받아야만 한다는 것을 확인시켜준다. 직접적이고 형식적인 방법이 기본적으로 필요한 것은 물론이다.

앞에서 나는 스포츠 가르치기를 "가르침의 내용물이 그것의 성격에 합치한 상태대로 그것을 배우는 사람의 몸과 마음속에 그대로 내면화되도록 하는 일"로 정의한다고 말하였다. 특별히 말이 되지 않는 이상하거나 독특한 개념규정은 아니라고 생각한다. 여기에서 중요한 포인트가 둘 있다고 하였다. "내용물이 그 성격에 합치한 상태대로" 배우는 이의 "몸과 마음속에 그대로 내면화되도록 하는 일"이라는 문구들이다. 지금 가르치는 일에 담긴 중층성이 이 문구들을 어떻게 이해하도록 돕는지 살펴보자.

"축구가 그 성격에 합치한 상태대로"라는 말은, 직접적으로 축구의 기와 식과 혼이 모두 담겨져 있도록 내용이 전달되어야 한다는 것이다. 축구의 기술과 관련지식은 직접적 방식과 형식적 방식의 테크닉들로 효과적인 지도가 이루어질 수 있다. 하지만, 축구의 정신(영혼)의 측면은 그 성격상 간접적 방식과 비형식적 방식의 퍼스닉들로 지도되어야만 한다. 기술과 지식은 기법들로 직접 전달 가능하지만, 정신(영혼)은 심법들이 발휘되어야만 간접 전달로 가르쳐질 수 있다.

"배우는 사람의 몸과 마음속에 그대로 내면화되도록 하는" 것은 이러한 기법과 심법의 적절하고도 균형잡힌 (실제로는 "오묘한"이라고 밖에는 표현할 수 없는) 구사와 발휘를 통해서 가능하다. 그리고 이 구사와 발휘는 정해진 원칙이라든가 규칙이라든가 프로토콜이라고 할 만한 것이 존재하지 않는, 오로지 가르치는 이의 경험과 경륜, 그리고 당시의 상대와 상황의 상태에 의하여 즉시적이고 즉각적인 대응과 반응으로 이루어질 뿐이다(이것 역시나 "오묘하게"라고 밖에 표현되지 못한다).

축구의 기·식·혼을 모두 가르치는 것, 즉 호울 축구를 가르치는 일은 호울 코칭(티칭)이다. 제대로 된 가르치기, 올바른 가르치기는 축구의 세 차원을 모두 가르치는 노력이다. 그런데 사실은 우리가 이렇게 기·식·혼이라고 나누어 살펴보고 말하는 것은 오로지 개념적인 조치다. 현실에서는 독립적으로 전달되기 어렵다. 아니, 전달되지 않는다. 축구는 언제나 기·식·혼으로 체험된다. 기만 있는, 식만 있는, 또는 기와 식만 있는 축구라는 것은, 현실과 현장의 실제 속에서는 존재하지 않는다. 축구는 언제나 호울 축구다.

이 말은 무슨 뜻인가? 이전에도 언급했던 개념적 구분과 경험적 분리에 관한 이야기다. 우리의 일상에서 축구는, 특히 실제로 플레이할 때의 축구는 기·식·혼의 덩어리다. 눈에 보이는 겉모습인 기능의 측면만이 드러날 뿐이다. 이 안에는 이미 식과 혼이 뭉쳐져서(녹아져서라고 말할 수 있는지는 모르겠지만) 함께 체험되고 인지되고 느껴지고 있는 중이다. 그런데 대부분의 경우 기능의 차원만이 지각되고 체득되어진다. 지식과 정신의 차원은 특별한 주의와 노력을 기울여야만 학습되고 자각될 수 있다.

그러므로 사실은 "배우는 이의 몸과 마음속에 그대로 내면화되도록 하는 것"은 무슨 특별한 교육의 상태, 배움의 상태에 대해서 언급하고 있는 것은 아니다. 이 일은 축구를 가르치는 모든 경우에서 벌어지는 일이라는 말이다. 몸과 마음에 내면화가 (전혀) 안되는 경우는 없다. 다소간은 항상 내면화가 진행된다. 다만, "그대로" 되지 않은 것이 대부분일 뿐이다. 기·식·혼이 골고루, 제대로 (축구의 본래 모습 그대로, 호울 축구 그대로) 내면화되는 경우가 일반적이지 않고 드물 뿐이다. 비유하자면, 축구 가르치기의 식단은 기능위주의 스테이크 메인 디시에 간혹 지식의 야채 사이드 디시가 덧붙여지고, 정신의 후추가 살짝 뿌려지는 정도다.

호울 스포츠를 위한 호울 코칭(티칭)으로서의 축구 가르치기가 진행되려면, 방법에 대한 단순한 생각을 잠깐 옆으로 밀쳐두어야 한다. 축구를 제대로 가르치는 방법은 매우 복잡하고도 오묘하다는 태도를 먼저 가져야 한다. 현실에서는 피치 못하게 축구의 기능적 차원을 주된 초점으로 지도하여야 하지만, 이미 그 기능을 전달하는 과정에서 지식과 정신의 차원들도 함께 전달되어짐을 인식하여야 한다. 그리고, 지식과 정신의 차원이 왜곡되거나 소실되지 않도록 의식하고 노력하면서 기능지도에 임하여야 한다. 이를 위해서 직접적/간접적 방식과 형식적/비형식적 방식의 모든 방법들을 총동원해야만 한다[46].

스포츠 가르치기의 방법에 대한 지금까지의 설명을 통해서, 특히 명심해야 할 측면이 명확해졌다. 그것은 "퍼스닉"(심법)이라고 하는 방법적 차원이다. 호울 스포츠 가르치기에서는 절대로 간과해서는 안 되는 차원이다. 코치든 강사든 스포츠를 가르치는 이는 제대로 가르치기 위해서는 수업의 테크닉적 측면과 함께 퍼스닉적 측면도 고려해야만 한다. 수업방법으로서의 퍼스닉은 가르치는 이의 성품, 인성, 품위, 교양, 자질 등등이 하나로 뭉쳐져서 발현되는 가르치기 방법이다. 이 퍼스닉은 가르치는 이의 "스타일"이라고 묶어 부르기도 한다.

퍼스닉의 특징은 그것이 당사자의 인간 됨됨이와 다르지 않다는 점이다. 가르치기 방법으로서의 퍼스닉은 본인의 사람됨으로부터 발산되

---

[46] 하나로 수업 모형은 바로 이러한 내용과 방법의 중층성을 적극적으로 반영하여 구안한 스포츠지도 모형이다. 방법적 특징으로 특히 직접교수활동과 간접교수활동을 모두 인정하고 드러내어, 가르치는 이의 인성과 스타일 자체가 가르치는 방법임을 강조하고 있다. 최의창(2022). 인문적 체육교육과 하나로 수업(제2판) 참조.

고 스타일에 묻어서 발휘되는 특징을 지니고 있다. 퍼스닉을 갈고 닦기 위해서는 자신의 사람됨을 나아지게, 드높이는 노력을 해야 한다. 퍼스닉을 심법 또는 인법이라고 부르는 이유가 바로 이것이다. 스스로 나은 사람이 되는 것 자체가 바로 가르치는 퍼스닉을 향상시키는 유일한 방법이다. 그리고 평생 동안 갈고닦아야 하는 심도 깊은 방법이다. 앞 절에서 그 전통적인 방법 세 가지를 간단히 소개하기도 하였다.

6 ── 외재적 방법의 쓸모?

방법에 관해 일단락 하는 이즈음에서 기존의 스포츠 교수방법들에 대해서 간단히 생각해보자. 가르치는 방법의 특징이 이러하다면, 외재적 방법들, 즉 가르치는 내용과 가르치는 사람에 대한 본질적 연관성을 고려하지 않은 방법(론)들은 무슨 도움이 될 것인가? 물론 나의 판단이지만, 지금까지 스포츠 가르치기를 위해서 제안되고 활용되고 있는 많이 알려진 모형들과 방법들은 대개가 (거의 모두?) 내용의 성격이나 강사의 인성에 대한 고려가 거의 없다. 가르치는 내용으로서 스포츠는 시합경기 활동으로 간주하고, 가르치는 사람으로서의 코치 (강사)는 지도역량이 높은 이로 생각하고 있다. 적어도, 여기에서 다루는 방식과 수준으로 내용과 강사에 대하여 고려하고 있지는 않다.

대표적인 외재적 방법(모형, 기법)들은 이해중심게임 모형, 스포츠교육 모형, 사회적/개인적 책임감 모형, 협동학습 모형 등이 있다. 보다 최근에는 긍정적 코칭 positive coaching, 제약요인주도 접근 constraint-led approach, 반성적 실천 reflective practice 등이 있다[47]. 전자의 접근들은 학교체육적 입장에서 제안된 모형들로서, 세밀하게 특정 종목의 기술과 전술들을 구체적으로 훈련시키고 습득시키는 수준까지는 언급하고 있지 않다. 대신 다수의 학생들이 제한된 시수 내에서 전체적으로 주어진 종목을 체험하고 익히는 전반적 과정의 주요 특징들에 대한 가이드라인과 지도원칙들을 중심으로 가르치는 활동을 소개하고 있다.

후자의 방안들은 최근의 학습이론과 사회심리학적 이론에 바탕을 두고 스포츠 가르치고 배우기의 과정을 접근하는 특징을 보인다. 구성주의, 복잡성이론, 긍정심리학 등 다양한 운동기술의 습득과 발휘에 대한 과학적이고 체계적인 매커니즘을 기반으로 하여, 학습자의 운동능력과 인지능력이 어떻게 작동하여 익혀지고 숙달되는지 이해할 수 있도록 해주고 있다. 이를 통해서 보다 효과적인 직접 전달이

---

[47] 지난 50년간 학교체육, 생활체육, 전문체육의 장면에서 주목받아왔고 새로이 등장하고 있는 다양한 스포츠 가르치기 모형들에 대한 전반적인 소개에 대해서는 최의창(2023). **스포츠 페다고지**. 서울: 레인보우북스 참조. 특히, 기존의 전문체육 스포츠코칭 분야와 직접적으로 관련되는 자료로서는 Barker-Ruchti, N. (Ed.)(2019). *Athlete learning in elite sport: A cultural framework*. London: Routledge. Lebed, F. (2022). *Complexity in games teaching and coaching: A multi-disciplinary perspective*. London: Routledge 참고.

이루어지도록 안내한다. 실제로 운동기능적 차원의 지도에 있어서 효과와 효율의 성과가 조금씩 확인되고 있다.

이 접근법들은 현장에 있어서 쓸모가 있다. 주먹구구로 경험위주의 스포츠 가르치기에 따른 폐단을 줄여주거나 없애주는 도움을 준다. 현대 사회에서 요청하는 그러한 합리적 스포츠 가르치기의 과정이 펼쳐질 수 있도록 신뢰할 수 있는 방법들을 제공해준다. 21세기 교육자와 학습자가 희망하는 그러한 체계적이고 합리적인 지도방법들이 되어준다. 적극적으로 활용되고 지속적으로 개량되어야 한다. 다만, 스포츠의 게임시합적 양태만을 다룰 뿐이라는 점을 지적하고 있는 다른 방법(모형과 기법)들을 의식하고 인정하여야 한다.

이 외재적 방법들은 어떤 종목을 가르치더라도 준수하고 적용해야 하는 원리와 원칙 수준의 실제적 지침들을 제공해준다. 게임시합으로서의 축구에 대한 이해를 바탕으로, 그것의 기술과 전술을 효과적으로 습득하고 숙달하는 훈련의 원리, 원칙을 찾아내어, 가르치는 과정에 정확히 적용한다. 그런 만큼, 기능의 증진에 도움을 준다. 하지만, 지식과 정신의 차원에 대한 고려는 부족하다. 스포츠교육 모형이나 사회적/개인적 책임감 모형도 예외는 아니다. 예를 들어, 이 방법들이 강조하는 것은 스포츠의 정신이 아니고, 스포츠 바깥에 미리 정해놓은 정의적 영역의 목적들이다. 축구의 정신이 아니라, 협동심, 인내력, 책임감 등등 인성(인간의 정신?) 덕목들이다.

이 구분은 매우 중요한데, 사실 스포츠교육의 이론이나 실천 장면에서는 동일한 것으로 취급되는 경우가 다반사다. "축구의" 정신을 제대로 배워야지, 그것이 배우는 이에게 인성 덕목으로서 올바로 학습될 수 있다. 직접적으로 학습자에게 바로 인내심과 책임감을 가르치는 것은 효과도 그다지 분명치 않다. 스포츠를 가르치면서 인성교육의 효과를 도모하는 입장에서는 이런 기대가 충분히 이해가 가지만, 내용과 분리되어 진행되는 인지적, 정의적 영역의 교육은, 지금까지의 경험과 연구가 알려주듯이, 대부분 실패로 마무리된다[48].

사실 우리는 "축구의" 지식과 정신을 습득함으로써, 그것을 내용으로 하는 인지적 차원과 정의적 차원의 학습이 진행되는 것이다. 축구관련 인지력과 축구관련 태도와 인성이 향상되는 것이다. 포괄적인 인지능력과 정의적 차원의 향상은 직접적으로 이루어지지 않는다. 축구관련 인지영역과 정의영역이 자극받아 활성화된다. 일반적인 인지영역과 정의영역의 증진과 향상은 그 이후의 일이다. 영향권 범주밖의 사안이다. 이것이 축구, 농구를 아무리해도 협동심과 책임감 등이 오랫동안 길러지거나 증가되지 않는 이유다. 스포츠와 인성은 단

---

[48] 간접교수활동이 전인적 교육효과에 어떻게 영향을 미치는 가에 대한 최근의 연구는 한국무용에서 연구되었다. 특히, 박혜연(2012). 한국무용에서 심성 가르치기: 한국무용 교수학습과정의 심성교육적 차원 탐색. 서울대학교대학원 박사학위논문. 최지수(2023). 한국무용 가르치기의 심법적 차원: 간접교수활동의 양상과 교육적 효과. 서울대학교대학원 석사학위논문. 유창경(2008). 한국무용정신 가르치고 배우기. 건국대학교 교육대학원 석사학위논문 참고.

도직입적인 인과관계를 맺고 있지 않다. 이 둘의 중간에는 스포츠인성(지성)이라는 매개변인이 작동하고 있는 것이다. 스포츠 가르치기는 이 매개변인에 직접 영향을 미칠 뿐이다.

외재적 방법들은 이러한 과정(매커니즘?)에 대한 직접적, 형식적 방법에 초점을 두기 때문에 더욱 그 효과를 확신할 수 없는 구조로 되어있다. 축구의 지식과 정신을 직접적, 형식적 방식으로 가르치는 데에는 한계가 있음을 의식하지 못하고 있기 때문이다. 내재적 방법들은 이 특징을 파악하고 인정하며, 그 실현을 위해서 통상적으로 의식하지 못하는 다른 차원들에 대한 고려를 세밀하게 하는 것이다. 그 고려사안의 핵심이 바로 퍼스닉이라고 부른, 가르치는 방법의 심법적 차원이다. 가르치는 이(코치, 강사, 교사)의 사람됨 자체와 그 사람의 스타일 자체가 간접적, 비형식적 방법으로서 작용하는 사실을 강조한다.

다행히도, 스포츠 가르치기 분야에서도 이런 차원에 대한 고민을 하는 접근들이 존재한다. 이들은 대부분 내재적 방법론에 기초하고 있다. 가장 먼저, 하나로 수업 Hanaro Teaching 은 "실천전통 교육관"을 바탕으로 인문적 체육교육의 철학을 지향하면서 가르치는 내용을 직접 체험활동과 간접 체험활동, 가르치는 방법을 직접 교수활동과 간접 교수활동으로 구분하고 있다. 북부유럽 학자들에 의해 제한된 수행 모형 Practicing Model 은 "빌둥" Bildung 으로서의 교육을 강조하면서, 자기형성을 통한 지속적 성장을 도모하는 스포츠 가르치기를 제안한다[(49)]. 운동기능적 차원을 숙달하기 위해서 하는 연습 자체가 자기 성장을 이루는 도야(수행, 수신, 수련) 활동으로 이해된다. 이들은 공히 교사의 인간적 자질 자체를 매우 중요한 방법으로 간주한다.

하나로 교수법

1. 스포츠 리터러시 교육론에서 채택하는 공식적 교수방법 모형은 "하나로 코칭"이다. 이미 학교체육의 장면에서 20년간 효과성을 인정받은 가르치는 교수모형이다. 학교체육 맥락에서는 하나로 티칭으로 불리지만, 생활체육과 전문체육의 상황에서는 하나로 코칭이라고 불린다. 하나로 교수법/론(Hanaro Pedagogy)이라고 하는 커다란 개념 속에서 작동하는 세부적 아이디어 중 하나다. "하나로"라는 단어의 의미는 중의적이다. 일단, "하나임, 하나됨"을 뜻한다. 온전한 호울(whole)이라는 뜻으로, 홀니스를 추구한다는 지향성을 나타낸다. 다음은, "융합적"임을 뜻한다. 스포츠를 배울 때 다양한 간접체험활동들을 직접체험활동과 함께 체험한다.

[(49)] Aggerholm, K., Standal, O., Barker, D., & Larsson, H. (2018). On practising in physical education: Outline for a pedagogical model. *Physical Education and Sport Pedagogy*, 23(2), 197-208. Aggerholm, K. & Giese, M. (2023). Bildung-theoretical approaches in German-speaking and international sport pedagogy. In Balz, E. & Bindel, T.(Eds). *Bildungszugange im Sport* 29(pp. 27-40). Springer 참고.

2. 스포츠코칭의 표면적 목표는 (예를 들어, 수영) 스포츠의 숙달이다. 이면적 목표는 실천전통으로서의 스포츠에 입문시키기다. 구체적 목표는 1. 스포츠의 기·식·혼을 하나로(그리하여 호울 수영을 체험하도록). 2. 하기, 읽기, 쓰기, 보기, 듣기를 하나로(그리하여 온몸과 마음으로 겪는 수영 교육이 되도록). 3. 운동향유와 일상생활을 하나로(그리하여 삶의 수영 교육이 되도록). 4. 서로 다른 사람들을 하나로(그리하여 함께 행복해지도록)의 4가지다. 앞서 언급한 스포츠교육의 3가지 기준 즉, 향유기준, 성장기준, 행복기준을 충족시키는 방향으로 구성된다.

3. 수영교육의 코칭내용은 수영 영법 직접체험과 문화로서의 수영관련 간접체험활동이다. 자유형, 평영 등의 기술 숙달을 익힘과 동시에, 수영 영화, 회화, 시, 다큐, 소설, 만화 등을 함께 체험하면서, 수영의 총체적 모습을 여러 방향과 측면에서 다양한 표현양식으로 체험한다. 서로 다른 매체는 서로 다른 성찰과 안목을 키워줄 수 있는 훌륭한 매개가 되며, 하기, 읽기, 쓰기, 보기, 듣기 등 15+를 통하여 입체적인 수영을 체험할 수 있고, 또 호울 스위밍에의 입문을 촉진시킬 수 있다.

4. 이같은 직접체험활동과 간접체험활동은 역시 수영교육자의 직접교수활동과 간접교수활동의 동시적 구사와 발휘를 통하여 가르쳐진다. 시범, 설명, 피드백 등 교육자가 명시적으로 드러내며 교육내용을 전달하는 것이 직접교수활동이다. 간접교수활동은 유머, 웃음, 제스쳐, 눈빛, 용모, 복장 등 직접적으로 내용을 전달하지는 않으나, 직접교수활동과 일반적 행동과정에서 배우는 이에게 포착되며 영향주는 교육자의 인간적 차원의 영향력을 의미한다. 교육자가 내용을 직접 전달

할 목적으로 구사하지 않고 무의식적인 방식으로, 주로 개인적 습관적 행동방식으로 발휘된다.

5. 배우는 이의 직접/간접 체험활동과 가르치는 이의 직접/간접 교수활동은 "터"와 "패"라는 교수/학습 조직 방식을 통하여 이루어진다. 터는 다양한 형태의 배움활동이 이루어지는 장소다. 배움터, 보기터, 읽기터, 쓰기터, 얘기터 등 배우는 이의 학습활동의 종류에 따라 명칭이 붙여진다. 수영장에서 풀은 배움터, 풀사이드는 얘기터, 로비는 읽기터 등으로 활용될 수 있다. 패는 이러한 교수/학습활동이 묶음으로 이루어지도록 하는 그룹(조, 반)이다. 하나로 코칭에서는 개인 종목일 경우에도 학습의 필요에 의해서 여러 명이 한 패를 이루어 학습을 진행토록 한다.

6. 수영의 기, 식, 혼을 담은 내용은 교사의 설명, 시범, 피드백과 유머, 용모, 열정, 공감 등의 방법(테크닉과 퍼스닉)에 실려 배우는 이의 체성, 지성, 감성, 덕성, 영성에 때로는 살짝, 때로는 깊이 내려앉는 결과를 낳는다. 이런 과정의 축적으로 배우는 이는 스포츠 활동에 입문하는 것이다. 우리는 이 상태를 "스포츠와 하나가 된다, 하나된 스포츠를 내면화한다" 등으로 표현할 수 있다. 하나로 코칭은 이러한 상태를 추구하는 스포츠교육 방법론이다.

생각거리
Chapter 3

더 생각하고 이야기해볼 문제들

01 이 장에서 주장하듯이, 가르치는 내용은 가르치는 방법을 규정한다고 생각하는가?

02 가르치는 방법의 기법적 차원과 심법적 차원, 즉 테크닉과 퍼스닉의 구분은 현장에서 얼마나 명확하며, 이 둘을 균형있게 숙달할 수 있기 위한 방안은 무엇인가?

03 "하나로 교수법"(티칭, 코칭)의 보다 구체적인 모습은 어떻게 진행될 수 있는가? (하나로수업 모형 참고)

Chapter **4**

스포츠교육의 목적

1 ── 안의 목적과 바깥의 목적

내용과 방법에 관해서 이야기 했으니 이제는 목적 차례다. 목적이란 이루거나 달성하려는 목표다. 가르치는 일에서 목적이란 어떤 위치를 차지하는가? 물론, 가장 중요한 위치라고 생각할 것이다. 그렇다, 목적은 가장 중요한 것이다. 이것은 교육에서도 그렇지만, 삶에서도 그렇다. 이것에 이의를 달 수는 없을 게다. 그 어떤 것도 목적을 능가하는 것은 있을 수 없다. 목적은 왜이며 이유이며 근거다. 목적은 기반이며 출발이며 도착이기도 하다. 목적은 전부다.

그런데, 목적에 대한 생각은 한 가지가 아니다. 여러 가지다. 목적에 관해서 생각한 접근 중에 교육에서 가장 중요한 것이 있다. 모두가 잘 아는 것이다. 목적에는 "외재적 목적"과 "내재적 목적"이 있다. 전자는 바깥에 위치한, 외부에 존재하는 목적이라는 뜻이다. 후자는 안쪽에 위치한, 내부에 들어있는 목적을 말한다. 물론, 안과 밖이라는 것은 비유적인 뜻으로 쓰였다. 말이 그렇다는 이야기다. 실제로 속을 까보면 알 수 있다는 이야기가 아니다.

"무엇"의 안과 밖인가? 어떤 것의 겉과 속인가? 일단, "외재적/내재적"에 대한 해석은 이렇다. "밖에 있다는 것"은 어떤 것의 "본질적인 부분"이 아니라는 것을 의미한다. 비본질적인 것으로써 외식外飾이다. 외식은 덧붙여진 겉치레, 겉치장이라는 뜻이다. 본질적인 부분이라는 것은 어떤 것이 바로 그것이 되도록 만들어주는 필수불가결한 특성이다. 그 부분(특성)이 없으면, 그 어떤 것이 아닌 것이다.

축구라는 운동은 선수와 공과 골대가 반드시 있어야 한다. 이때 이 세 가지는 축구의 본질적 부분이며, 축구의 안쪽에 있다(내재적이다)고 말할 수 있게 된다. 반면에 유니폼과 축구화는 본질적인 부분은 아니다. 반바지만 입고도, 맨발만으로도 축구는 충분히 할 수 있지 않은가. 당연히 있다면 편하거나 멋있지만, 필수불가결한 특징들은 아니라고 할 수 있다. 축구의 바깥에 있는 것이다(외재적이다).

목적에 있어서 내재적인 것과 외재적인 것은 무엇인가? 예를 들어, 건강(체력과 활력)은 축구에 외재적인가 내재적인가? 트로피, 상금, 또는 인기는 어떤가? 축구라는 스포츠의 본질적 특성이 무엇이라고 명확하고도 정확하게 정의하기는 쉽지 않다. 보는 이에 따라, 건강을 내재적이라고 생각하는 것도 가능하다. 어떤 특별한 금전적, 외형적 인 보상을 가져다주지 않고, 몸만 튼튼하게 만들어주기 때문에 그렇다고 판단할 수도 있는 것이다.

우리는 지금 가르치는 것과 관련하여 목적을 이야기하고 있다. (방법의 경우에서와 마찬가지로) 가르치는 목적은 가르치는 내용 속에 들어있다. 가르치는 것의 목적을 알아보기 위해서는, 가르치는 내용을 풀어헤쳐서 그 안을 들여다보아야만 한다. 목적은 내용 안에 숨어 들어 있다. 내용 속에 들어있지 않은 목적은 외재적이고, 그 안에 들어있는 것은 내재적이다. 가르치는 내용으로서 신체활동들(스포츠, 운동, 무용 등) 안/바깥에 목적이 있다는 것이다. 운동의 내재적 목적과 외재적 목적은 무엇인가? 축구의 안쪽과 바깥쪽에 있는 목적은 무엇인가?[50]

내용의 안쪽에 들어있는 목적으로는 축구 기술, 전략으로 된 게임적 측면을 들 수 있다. 시합게임으로서 축구와 함께, 축구의 내재적 가치나 전통 등 문화적 측면도 축구의 안쪽에 들어있는 목적이라고 할 수 있다. 실천전통으로서의 축구도 축구의 안쪽이라고 할 수 있다. 게임시합과 실천전통으로서의 특징들이 바로 축구의 속이자 안에 들어있는 내용이다. 이것의 밖에 있는 것으로는 건강, 상금, 명예, 등수 같은 것이 있다. 축구의 외재적 목적들이다.

2 ── 스포츠의 목적들

축구의 목적은 축구의 이유다. 축구의 "왜"다. 축구를 하는 이유다. 축구의 의미이며, 가치다. 가장 기본적인 차원에서 축구를 하는 이유는 축구가 재미있기 때문이다. 즐겁기 때문이다. 이유로서의 "즐겁

---

[50] 통상적으로 내재적/외재적 목적 구분은 본질적/수단적(도구적) 목적 구분과 함께 활용된다. 내재적 목적은 본질적 목적과 외재적 목적은 수단적 목적과 같은 의미로 간주된다. 내재적 목적과 외재적 목적에 대한 보다 상세한 설명은 이홍우(2016). 교육의 목적과 난점(제7판). 서울: 교육과학사 참조.

다"는 시작점이면서도 종착지다. 이것이 마지막 도착점이다. 즐거운 것 이외에 그 이전이나 그 이후에 오는 또 다른 이유는 찾을 수 없다. 막다른 이유, 최후의 이유다. 축구의 이유는 재미 추구, 즐거움 추구다.

재미나 즐거움의 추구는 심리적(또는 생리적) 목적이다. 이것은 안쪽에 있는 목적인가? 축구라는 가르치는 내용의 속에 들어있는 목적, 즉 내재적 목적인가? 통상적으로 그렇다고 주장되어왔고 그렇다고 인정되어왔다. 배우는 사람, 행하는 사람의 심리적, 생리적 만족감(자극, 짜릿함, 후련함 등등) 이외의 다른 외재적인 것을 추구하거나 얻어내는 것을 목적으로 하지 않기 때문이다. 그냥 개인 내적인 심리상태의 획득으로 머물기 때문이다.

그런데, 이것은 내용 자체와 관련된(또는 그것에 관한) 목적이라기보다는 그것을 제대로 획득하였을 때에 부수적으로 따라오게 되는 심리적 반응이지 않은가?[51] 축구를 하는 이유는 (좋은 비유는 아니지만, 마치 약물을 하는 이유와 마찬가지로) 오로지 심리적, 생리적 자극을 얻는 것인가? 가끔 이런 이유로 축구를 하거나 볼 수 있지만, 상식적인 사고방식을 가지고 판단한다면, 매번, 그리고 가장 중요한

---

[51] 나는 이 미묘한 차이를 "의미가 나오는 원천"과 "그것을 가지는 소유"로 나누어 구분한 적이 있다. 의미(목적)의 원천과 소유에 관한 구분은 졸저 『인문적 체육교육과 하나로 수업(제2판)』 "제5장 체육교육의 목적" 참고.

이유이지는 않을 듯하다.

물론, 이것도 축구의 내재적 목적의 한 종류임을 완전히 부정하기는 어렵다. 물질적 생산을 목적으로 하지 않는 스포츠의 유희적 특성을 고려한다면, 더욱 그렇다. 유희, 놀이의 본질인 "루두스" ludus는 도구적 유용성과는 관계 맺지 않는 것을 특징으로 한다. 한마디로, 놀이는 "쓸모없는 일"이다. 그저 즐거움을 추구하는 놀이로서의 쓸모만 있을 뿐이다. 그리고 실제로, 그것으로 충분하다. 축구도 놀이를 근본으로 하는 스포츠로서 역시 유희성을 갖는다.

그렇다면, 축구의 목적은 무엇인가? 우리는 무엇 때문에 축구를 가르치는가? 축구의 목적과 축구를 가르치는 목적은 동일한가? 상이한가? 아니면, 동일하되 다른 무엇이 덧붙여지는가? 축구의 목적은 내재적이되, 축구교육의 목적은 외재적인가? 나는 그렇지 않다고 생각한다. 축구나 축구교육의 목적은 동시에 내재적이면서 외재적일 수 있다. 학술적 논의가 아닌, 현실과 현장의 일상 속에서는 특히 더 그러하다. 오히려, 내재적 목적보다는 외재적 목적을 위한 경우와 상황이 더 흔하다. 그리고, 이것은 축구하는 이나 축구를 가르치는 이 모두에게 나쁘지 않다.

나는 다만, 외재적 목적보다는 내재적 목적에 더 관심이 있을 뿐이다. 내가 판단하기에, 이것이 더 본질과 가깝기 때문이다. 이것이 더 근본적이기 때문이다. 스포츠와 건강, 진학, 수입, 명예 등등과의 연결은 이미 상식적으로 되었고, 많은 사람들이 쉽게 이해할 수 있는 목적들이다. 정적 상관관계가 높다는 연구들, 주장들, 그리고 사례들이 넘쳐난다. 나는 이런 상황인 곳에 한 마디 더 덧붙일 필요를 못 느끼는 것이다.

하지만, 내재적 목적은 상황이 다르다. 이것은 본질적이고 근본적인 만큼, 잘 보이지 않고 이해하기 어렵다. 이것은 나와 같은 스포츠교육 전문인의 몫이다. 나는 그것을 보다 분명하고 보다 쉬운 방식으로 탐구하고 전달하고 납득시켜야 하는 의무를 갖는다. 스포츠의 내재적 목적을 살펴보면서, 그 구체적인 내용을 단어와 문장으로 설명해내야만 한다. 축구의 목적을 알아내는 것이 바로 축구를 가르치는 목적이 된다. 축구를 가르치는 이유는 바로, 배우는 이가 배움의 결과로 바로 그런 축구를 즐길 수 있도록 돕기 때문이다. 축구의 목적과 축구교육의 목적은 같다.

3 ── 스포츠의 목적: 다층적 이해

올바른 축구는 호울 축구다. 호울 축구의 내용은 기·식·혼의 세 측면(차원)으로 되어있다고 하였다. 축구의 목적은 이 세 측면을 제대로 구사하면서, 호울 축구를 맛보는 것이다. 축구의 목적은 호울 축구를 즐기는 것이다. 지금까지 우리의 논의에 충실하다면, 전혀 틀림이 없는 당연한 말이다. 축구의 목적은 호울 축구다.

축구의 목적(내재적 목적)은 다층적으로 이해해야 한다. 하나가 아니고 여러 겹으로 되어있기 때문이다. 축구를 하는 이유는 표층, 내층, 심층表層, 内層, 深層의 세 층으로 살펴볼 수 있다. 축구의 "표층적 이유"는 단순히 하는 축구를 즐기는 것(또는 직관이든 시청이든 보는 축구를 즐기는 것)이다. 축구공을 가지고 친구들과 게임과 시합을 하는 것이다. 축구를 단지 게임으로서만 이해하고 만나고 수행하는 것이다. 축구는 공놀이, 축구일 뿐이다. 그 이상도 그 이하도 아니다.

"내층적 이유"는 하는 것(보는 것) 이외에 축구를 다양하게 맛보며 즐기기 위해서다. 축구 관련 서적을 읽는 것, 축구 영화를 관람하는 것, 축구 사진전이나 미술 전시회를 찾는 것, 축구 용품 엑스포를 방문하는 것, 팬클럽에 가입하여 응원하는 것 등등, 더 나아가 자기 자신이 글을 쓰고 사진을 찍고 영상을 만들고 그림을 그리는 것이다. 축구를 문화활동으로 바라보며, 다양한 문화적 양식들로 표현된 여러 모습의 축구들을 체험하는 것이다.

"심층적 이유"는 실천전통으로서의 축구에 입문하기 위해서다. 이것은 무슨 의식이나 정해진 절차가 있는 것은 아니다. 보다 깊은 차원으로 들어가면, 눈에 보이고 손으로 만져지는 차원을 넘어서는, 그 너머의 다른 차원에 대한 관심으로 축구를 깊게 들여다보면, 축구는 수 세기 동안 전 세계에서 수십 억 명의 사람들이 모든 영역에서 관련된 세계(문화)를 창조해놓았음을 알 수 있다. 축구를 좋아하는 사람은, 자신이 원하건 원치 않건, 축구를 좋아한다는 바로 그 이유로

이 세계에 입문하게 되는 것이다.

축구의 (내재적) 목적은 이렇듯 삼중적三重的이다(이하 표 2 참조). 바깥에서 안쪽으로 게임층, 문화층, 전통층의 세 차원으로 겹겹이 되어있다. 대부분의 우리는 가장 바깥쪽인 게임층만 맛볼 뿐이다. 그것으로 만족하고, 거의 대부분 충분하다고 여긴다. 여기서 한 걸음 더 안쪽으로 들어가면서, 문화층을 만나고 찾게 된다. 하는 맛과 보는 맛에 덧붙여, 읽는 맛, 쓰는 맛, 그리는 맛, 듣는 맛, 모으는 맛 등등 다채로운 축구 맛의 세계를 알게 된다. 그리고, 더 깊은 쪽으로 들어가면, 축구의 전통층을 맞닥뜨리게 된다. 물론 극소수의 축구팬들만이 이 층에 관심을 갖고 또 이 층을 찾게 된다. 호울 축구의 심장부와 같은 차원이다.

표 2 스포츠 가르치기 목적의 삼중적 차원 비유

층위	외적 양상	학습 결과	변화 양태	결혼 비유
표층	게임	운동기능 향상	습득	개인의 결합
내층	문화	운동소양 함양	개발	가족의 결합
심층	전통	스포츠 세계 입문	성숙	친족의 결합

축구 목적의 다중구조 이해에 이런 비유가 도움이 될 수 있을지 모르겠다. 우선, 피부조직의 구조가 있다. 피부는 표피, 진피, 하피(피하조직)로 되어있다. 진피는 모근, 신경말단, 혈관 및 땀샘을 포함하고

있다. 그리고 가장 아랫부분에 지방의 저장을 위한 하피가 있고 근육을 뼈에 부착시켜준다. 우리는 일상에서 표피만을 보면서 표피를 피부와 동일시한다. 축구의 게임층이 바로 축구라고 간주하듯이 말이다.

지구도 이런 삼중구조로 되어있다. 지구는 (크게 나뉘어) 지각, 맨틀, 그리고 핵으로 이루어져 있다. 지각은 인간과 동식물이 생활하고 서식하는 육지와 바다로 이루어져있다. 우리는 지각만을 체험할 수 있고 살아가는 데에는 그것으로도 충분하고 넘친다. 맨틀은 지각표면 바로 아래 지구 바깥 부분에 분포하여 지구의 84%를 차지한다. 핵은 지구 중심부에 위치하고 내핵과 외핵으로 되어있으며 3천도에서 5천도 이상의 온도를 띄고 있다.

"목적의 구조"라고 하는 표현 자체가 일반적이지는 않다. 하지만, 우리는 스포츠의 목적을 생각할 때에, 특히 내재적 목적과 본질적 측면에 보다 관심을 두고 그리할 때에는 반드시 이러한 다층적이고 다중적인 사고방식을 견지해야만 한다. 그래야, 축구를 제대로 이해할 수 있게 된다. 단순한 게임, 표피, 지각의 겉모습(겉목적?)만 보는 것이 아니라, 좀 더 깊이 들어가 진피와 하피, 그리고 맨틀과 핵까지에도 생각과 시야가 미칠 수 있게 되어야 한다. 그래야 속모습(속목적?)을 알 수 있고, 스킬 스포츠를 넘어 호울 스포츠를 만날 수 있게 된다. 겉목적은 물론이고 속목적까지 속속들이 알면 더 좋지 않겠는가! 이상의 이해를 바탕으로, 크게 두 가지 방식으로 스포츠가르치기의 목정에 관해서 알아보자.

4 ── 스포츠 가르치기의 목적 1

스포츠의 목적을 말하였으니 이제, 스포츠 가르치기의 목적을 이야기해보자. 앞에서 축구교육의 목적이 바로 축구의 목적이라고 하였다. 그러니, 여기서 동일한 말을 반복하게 될 것이다. 비유적인 이야기로 축구 가르치기의 목적에 대해서 설명해보도록 하겠다. 축구를 가르치는 일은, 배우는 이에게 축구를 만나도록 해주는 일이다. 축구 가르치기는 배우는 이에게 축구를 소개해주고, 데이트를 하도록 해서, 결혼에 이르도록 하는 일에 비유할 수 있다. 무슨 말인가?

"결혼은 당사자들만의 결합이 아니다." 흔히 듣는, 뻔한 이야기다. 어느 누가 모를까? 그런데 결혼 전에는 머리로 이해했다면, 결혼 후에는 온몸과 마음으로, 피부 속까지 파고들어 살과 뼈로 절절히 깨닫게 된다. 결혼은, 참으로, 신랑과 신부라는 두 사람만의 만남, 그 이상인 것이다. 이 말의 의미는 무엇인가? 다시 흔한 답변이지만, 그것은 가족과 가족의 만남, 더 나아가 가문과 가문의 만남이다. 실제적, 그리고 가시적으로는 당사자 둘 간의 맺음이지만, 관계적, 혈연적으로는 당사자의 직계가족, 더 나아가서는 일가친척들 간의 네트워킹의 한 매듭이 되는 것이다. 경우에 따라서 그 매듭의 굵기가 두껍거나 얇거나의 차이만 있을 뿐이다.

난데없는 이 결혼의 비유는 무엇을 위한 것인가? 나와 스포츠와의 만남에 빗대기 위함이다. 어떤 스포츠를 만난다(배운다, 행한다)는 것에는 어떤 의미들이 들어있는가? 스포츠를 한다는 말은 무엇을 뜻하는가? 식상한 대답들이 즐비하다. 대표적이고 상식적인 것은 "기능을 구사할 수 있게 된다, 시합을 뛸 수 있게 된다" 등이다. 스포츠란 운동기술의 집합체다. 스포츠를 만난다는 말은 그것을 몸에 익힌다는 말이다. 결국, "스포츠를 배운다"는 말은 스포츠와 나 개인의 일대일 만남, 그 이상도 그 이하도 아니다. 스포츠가 무슨 인간적 존재도 아니고 말이다. 그리하여 혹자는, 이 비유 자체를 받아들이지 않기도 한다.

결혼에 빗댄 보다 구체적 이유는 무엇인가? 결혼이라는 행위 속에 담겨진 삼중의 의미가 스포츠에도 적용되기 때문이다. "스포츠를 배운다"는 말은 삼중의 의미를 갖는다(더 많을 수도 있지만, 이 세 가지가 대표적이고 포괄적이다). 첫째, "운동기능을 습득하게 된다"는 뜻이다. 테니스 게임을 할 수 있게, 배영과 접영을 할 수 있게, 축구 경기를 할 수 있게 된다는 말이다. 이것이 기본이다. 스포츠와의 만남은 기능 습득과 숙달을 기본으로 하지 않는가[52].

둘째, "운동소양을 함양하게 된다"는 뜻이다. 운동소양(스포츠소양, 체육소양)은 스포츠를 잘 하고態, 잘 알고智, 잘 느낄 수 있는心 자질이다. 스포츠를 배우는 것은 이 종합적 자질을 몸과 마음에 차곡차곡 갖추게 되는 것이다. 운동기능만 습득하는 것이 아니다. 다른 측면의

---

[52] 이것 이외에 다른 뜻이 있겠는가라고 되물을 수도 있겠지만, 더 있다는 것이 내 주장이다. 이하 참조.

소양들도 함께 흡수하게 된다. 결혼은 시댁과 처가를 자동적으로 만들어준다. 누구네 집 아들과 누구네 집 딸이 맺어지기 때문이다. 축구 기능에 함께 달라붙어있는 축구지성과 축구정신의 측면들이 함께 갖추어지고 배워진다. 무의식적으로, 또는 의식적으로 습득하게 된다.

셋째, "스포츠 세계에 입문하게 된다"는 뜻이다. 이것은 조금 이해하고 수긍하기가 쉽지 않다. 무슨 뜻인가? 축구를 하는 이는 축구라고 하는 하나의 문화세계(실천전통)의 거주민이 되는 것을 의미한다. 축구를 배움으로써 나는 (축구팬을 넘어) "축구인"이 된다. FIFA나 대한축구협회에 선수등록이 되어야만 축구인이 아니다. 축구를 좋아하고 행하는 모든 사람들이 축구인이다. 축구게임을 할 수 있는 것, 축구 소양을 갖추게 되는 것은, 축구라는 하나의 세상 속으로 들어가는 것이다. 다른 축구팬들과 함께 축구문화를 공유하게 되는 것이다. 축구문화를 섭취하는 사람은 누구나 축구인이다. 축구세계의 주민이자 주인이다. 주변인이나 관람객이 아니다. 관광객이나 제삼자가 아니다. 모두가 거주민이요 당사자다. 풋볼 나라, 싸커 국가의 국민이 되는 것이다. 축구를 배우는 것은 축구나라의 국적을 취득하고 민족의 일원이 되는 것이다[53].

---

[53] 이런 맥락에서 데즈먼드 모리스가 자신의 책 **축구종족**에 붙인 제목은 매우 의미심장하고도 적절하다고 할 수 있다. Morris, D. (1981). *The soccer tribe*. 이주만 (역)(2016). **축구종족**. 서울: 한스미디어.

이렇듯 스포츠 배우기(행하기)의 의미도 표층, 내층, 심층이라는 세 겹의 층으로 되어있다. 표층으로는 운동기능을 습득하고 발휘하는 행위다. 내층으로는, 눈에는 보이지 않으나, 운동소양을 쌓아가는 과정이다. 심층으로는, 보이지도 않고 의식되지도 않지만 존재하는, 운동문화에 입문하는 여정이다. 운동의 표층적 의미는 바로 이해된다(당사자간 결합). 내층적 의미도 어느 정도 이해된다(시댁과 처가의 가족 되기), 그런데 심층적 의미는 쉽게 와닿지 않는다(가문의 일원 되기). 적어도 그냥 취미로 운동하는 나와는 상관없이 들린다. 아들하고 가끔 공놀이하고, 프리미어 리그, A매치 시합, 또는 K리그 경기 관람이 전부인 내가 무슨 축구인, 또는 축구문화에 입문하는 일을 하고 있는 것인가? 너무 거창하고, 한참 거리가 멀다.

결혼의 경우도 이와 비슷하다. 특히 요즘처럼 본인들 간의 사랑이 제일 중요한 시대에 시댁과 친족이 무슨 의미가 있는가? 그냥 본인 당사자 간의 관계가 핵심이지. 맞는 말씀이다, 대략만. 현실은, 본인이 아무리 거부하여도 정상적 결혼생활에서 시댁과 처가의 맥락, 나아가 친척과 친족의 맥락을 전혀 무시할 수는 없다. 앞에서 살짝 언급했지만, 네트워크의 망이 그 굵기가 얼마나 굵냐 가느냐의 차이가 있을 뿐이다. 다행히, 현실에서 피부로 체험하는 일반적인 결혼 상황은 본인들 두 명이 중심이 되는 일상생활이다. 처가와 시댁, 그리고 친척과 문중(친족공동체)은 가끔 만나며 멀리 떨어져 있다. 매일 느껴지는 것이 아니고, 명절이나 집안행사 시에 그 존재를 느끼게 될 뿐이다. 스포츠와 개인의 만남도 이러하다.

5 ── 스포츠 가르치기의 목적 2

스포츠의 목적은 스포츠의 이유, 가치, 의미, 개념을 묻는 것과 같은 일이라고 하였다. 스포츠 가르치기의 목적도 마찬가지다. 그것은 스포츠 가르치기의 이유, 가치, 의미, 개념을 묻는 일과 다르지 않다. 스포츠 가르치기의 목적을 알아보려는 시도는 스포츠 교육의 의미를 확인하려고 하는 시도다. 스포츠 교육은 무엇인가? "가르치는 일 = 교육"이라고 할 수 있을 것인가? 그렇다. 가르치는 일은 여러 가지 다양한 모습으로 존재한다. 교육도 마찬가지다. 가르치는 일을 교육이라고 불러보며 스포츠 가르치기의 목적을 다시 한번 더 이야기해보자.

당연한 이야기지만, 교육의 의미는 너무도 다양하다. 다만 한 가지 공통점은 부인할 수 없다. 그것은 교육이 모종의 "변화"를 도모하는 활동이라는 점이다. 의도적 활동으로서 교육은 "이전"과 "이후"가 다른 상태를 도모한다. 변화의 내용과 수준이 다르지만, 변화를 의도하지 않는 행위는 교육이라고 할 수 없다. 이전보다 나아진 이후를 기대하며 진행하는 활동이다. 한번 가만히 눈을 감고 머릿속에 여러 가지 종류의 교육활동들을 떠올려보라. 어떤 것이라도 변화를 추구하는 특징은 빠지지 않는다. 단순화의 오류를 무릅쓰고 3가지 유형의 변화를 크게 분류해보겠다. 그것은 첫째 습득, 둘째 개발, 셋째 성숙이라는 변화다[54].

첫째, "습득"習得은 지니고 있지 못하던 것, 알지 못했던 것, 하지 못했던 것을 지니게 되고 알게 되고 하게 되는 변화를 말한다. 기능, 지식, 태도적 차원에서 이전에는 없던 것이나 부족했던 것들을 단순 소지하는 수준으로 갖추게 되는 변화다. 반복적 동작, 기계적 암기, 습관적 반응 등으로 형성되는 일차원적이고 그리 복잡하지 않은 변화들이다. 스포츠교육에서는 운동기능의 습득(기초정보와 단순태도) 수준이다.

둘째, "개발"開發은 잠재되어 있는 자질이나 능력을 최대화시키는 변화다. 사고력, 협동심, 창의력 등을 불러일으키고 최대 한도로 발전시키는 것이다. 의도적이고 체계적인 방식으로 인지적, 정의적, 신체적 차원의 주요 자질들을 길러내는 것이다. 일차원적 소지나 증가가 아니라, 복합적이고 통합적인 역량과 능력의 변화들이 진행된다. 스포츠교육에서는 스포츠에 대한 전문적인 지식이나 식견이 개발되는 수준이다.

셋째, "성숙"成熟은 질적으로 숙성되는 변화다. 이전과는 질적으로 다른 수준으로 발전되는 변화다. 없던 것이 새롭게 생겨나는 것이 아

---

[54] 이 구분에 대한 보다 구체적 설명은 최의창(2020). 한 장 글쓰기: 스포츠교육에세이. "스포츠교육의 세 가지 모습" 참조.

니라, 습득과 개발로 얻은 것, 자라난 것이 더욱 높은 수준, 깊은 수준으로 바뀌어 나아지는 것이다. 더욱 깊이 내면화되면서 자기화로 진전되어 자기만의 독특하고 개성있는 자질로 변모된 상태이다. 스포츠교육에서는 기능, 지식 강화보다는 안목이나 판단력으로 드러나는 수준이다.

교육이라고 부르는 인간의 행위는 습득, 개발, 성숙이라고 하는 종류의 변화를 도모한다. 이런 변화를 도모하는 행위들에 우리는 교육이라는 단어를 사용한다. 운전교육, 요리교육은 운전기술과 요리방법을 습득시키는 지도행위를 말한다. 수학교육, 과학교육은 논리적 사고와 과학적 탐구역량을 개발하는 가르침 행위다. 인간교육, 지혜교육은 사람 됨됨이를 바꾸고 세상사에 대한 안목을 숙성시키는 가르치기를 의미한다. 변화의 수준은 아주 간단한 것(습득)에서부터 매우 심오한 것(성숙)까지 그 스펙트럼이 매우 넓다. 우리가 교육이라고 부르는 것은 이것저것을 폭넓게 수용하는, 다양한 종류의 활동들이 포함되는 인간행위다. 모두가 교육이다. 키가 크나 작으나, 잘생겼으나 못생겼으나 모두 사람이듯, 습득적 변화, 개발적 변화, 성숙적 변화는 모두 교육적 변화다.

이제 각각의 변화를 도모하는 교육행위에 영어 명칭을 부여해보자. 구분을 위해서 조금 더 전문적인 이름을 붙여보도록 하자. 습득 수준의 변화를 의도하는, 일으키는 교육은 "트레이닝"training 이라 부르자. 운전훈련, 요리훈련이라고 해도 틀리지는 않는다(물론, 기분은

Chapter 4 스포츠교육의 목적

131

좋지 않겠지만). 개발 수준의 변화를 도모하는 노력에는, 더 적합한 단어가 없으니, "디벨롭핑"developing 이라고 하자. 얼마나 안성맞춤인지 "역량개발"보다 더 나은 표현을 찾기가 어렵다(인적 자원 개발이란 용어는 또 어떤가?). 그리고, 성숙 수준의 변화를 가져오려는 시도는 "호울링"wholing 이라고 하자. 온전한 스포츠를 배움으로써 온전한 사람으로 변모할 수 있도록 돕는 노력이기 때문이다. 그러면 각각의 변화를 위해 노력하는 교육자들을 트레이너Trainer, 디벨롭퍼Developer, 호울러Wholer 라고 부를 수 있겠다[55].

트레이닝, 디벨롭핑, 호울링으로서의 교육은 서로 완전히 구별되어 따로 존재하는 것은 아니다. 예를 들어, 운전이나 요리가 트레이닝 성격을 주로 띠는 교육 수준에 머물기는 하지만, 항상 그런 것은 아니다. 디벨롭핑과 호울링 수준으로 높아지고 깊어질 수 있으며, 실제로 이 세상의 쇼퍼運轉技士나 쉐프料理師 중에는 그런 분들이 있다. 반대로 전문가로서 대학이나 학교에서 디벨로핑 성격의 교육을 펼치는 것으로 알고 있으나, 실지로는 트레이닝이나 그에도 못 미치는 수준으로 자기 일을 수행하는 교사와 강사들도 있다. 가장 높은 수준의 교육적 성취를 이루는 호울링을 보이는 이들도 있는데, 이것은 항상,

---

〈55〉 스포츠 하기와 연관하여 이러한 단계적 이해를 돕는 글로서는 최의창(2010). 가지 않은 길 2: 인문적으로 체육보기. "건강 개념의 재음미: 피트니스, 웰니스, 홀니스"와 "생활체육의 재음미: 3D 스포츠와 호울 라이프" 참조.

언제나, 매번 가능한 일이 아니다. 호울링 수준의 교육은, 일류 가수가 항상 최고의 가창력을 보여주듯이, 매번 발휘되는 것이 아니다. 오히려, 북극광처럼 예고 없이 모양 없이 나타나고 사라진다.

훈련·개발·성숙은 교육활동들의 종류를 엄격히 구분하는 기준이 아니다. A와 B는 트레이닝 교육, C와 D는 디벨롭핑 교육, E와 F는 호울링 교육에 속한다고 낙인찍기 위한 장치가 아니라는 말이다. 훈련·개발·성숙은 어떤 한 가지 교육행위가 3가지 수준으로 수행될 수 있음을 나타내는 아이디어다. 운전교육도 디벨롭핑 교육과 호울링 교육 활동으로 될 수 있으며, 지혜 교육도 트레이닝 교육으로 진행될 수도 있음을 알려준다. 어떤 종류의 교육활동이든 간에 이 세 가지 수준_{단계}이 잠재적으로 갖추어져 있으며, 그것을 가르치는 이에 의해서 발휘된다. 가르치는 이의 수준이 어느 수준에 머무느냐, 더 높은 수준으로 진전하느냐를 결정하게 된다는 말이다. 교육은 습득, 개발, 성숙의 총체다. 스포츠교육도 마찬가지다.

6 —— 교육과 스포츠 교육의 목적

그리하여, 나는 스포츠교육도 교육의 이같은 특성을 그대로 반영한다고 주장하는 것이다. 신체활동(스포츠, 운동)을 가르쳐서 모종의 변화를 의도하는 스포츠교육도 습득, 개발, 성숙의 수준에 해당하는 교육을 펼친다. 앞에서의 분류에 따르면, 습득은 표층적 수준, 개발은 내층적 수준, 그리고 성숙은 심층적 수준에까지 다다른 스포츠 가르치기의 목적이다. 스포츠 가르치기가 표층에 머무를 때, 그것은 습득 수준의 변화에 머무른다. 내층을 넘고 심층까지 도달하면, 그것은 각각 개발 수준의 변모와 성숙 수준의 변신에까지 이른다.

아예 외형적으로 드러나는 모습이나 수준으로 인해 스포츠교육에서 트레이닝, 디벨롭핑, 호울링 중 어떤 것에 해당하는지 분류하고 단정지을 수 있는 경우가 있다. 하지만, 스포츠교육이 교육의 영역인 한, 어떤 스포츠교육이라도 높은 수준으로 발전하거나 낮은 수준으로 전락할(또는 습득이나 개발에 멈춰버리는) 가능성을 그대로 내포하고 있음을 명심해야 한다. 트레이닝 수준의 스포츠교육, 디벨롭핑 수준의 스포츠교육, 호울링 수준의 스포츠교육이 각각 따로 있는 것이 아니다. 배구 지도하기가 트레이닝도, 디벨롭핑도, 호울링도 될 수 있는 것이다. 어디에 초점을 맞춰서, 어떻게 가르치느냐에 따라서 말이다.

조금 더 현실적 수준에서 살펴보자. 스포츠교육에서 시작은 훈련적 모양을 띤다. 그럴 수밖에 없다. 기능습득이 시작이기 때문이다. 배구를 할 수 있도록 돕는 것이 일차적 목적이다. 스포츠교육자, 즉 코치로서 나는 피치 못하게 배구 트레이너로 시작한다. 한동안 기능 습득이 진행되면, 시합을 제대로 이해할 수 있도록 공격, 수비 룰과 전술을 이해시킨다. 배구팀과 선수와 감독들의 특징과 스타일에 대해서 알려준다. 게임을 할 수 있게 되면서 좀 더 배구와 관련된 다양한 역량들을 개발하도록 돕는다. 배구 디벨롭퍼로서의 역할을 덧붙이는 게다. 그리고 틈틈이 배구의 안목과 배구인으로서의 사랑을 더욱 깊게 숙성시킬 수 있도록 틈틈이 적절한 때에 적절한 내용을 가르친다. 배구 호울러로서의 솔선수범을 선보인다. 굳이 분류하자면, 각각 배구기술 排球技術, 배구역량 排球力量, 배구안목 排球眼目을 시연하는 것이다.

현실적으로 스포츠교육은, 교육과 마찬가지로, 거의 모두 습득과 개발의 수준에서 진행된다. 사실, 습득의 수준에 멈추어도 큰 문제는 없다. 사람들이 스포츠에 대해서 가장 바라는 건강과 여흥의 맥락에서는 운동기능의 습득이 전부다. 그것으로 충분하다. 신체기능의 최대 발휘를 목적으로 상대방이나 자신, 또 자연을 상대로 대결을 펼침으로써 그 과정에서 얻어지는 흥분과 희열, 그리고 부수적으로 따라오는 정서적, 신체적 건강은 습득 수준의 스포츠교육으로 만족하도록 판을 깔아준다. 현재 우리나라는 (생활, 전문)스포츠지도사라고 하는 국가자격을 받은 스포츠교육자들에게 이 정도만 요청하고 있는 형편이다. 이 이상은 있다고 생각되고 있지도, 추구되고 있지도 못하는 상황이다.

체육교사들에게는 개발 수준의 스포츠교육(체육교육)이 요청되고 있다. 학생들이 지닌 신체적, 인지적, 정의적 차원의 능력과 자질을 최대한으로 발달시키는 것을 목적으로 한다. 특히 최근의 체육과 교육과정은 역량중심 교육과정이라고 불리며, 건강관리, 신체수련, 경기수행, 신체표현 능력 등의 개발을 강조하고 있다. 체육과 교과역량으로 인내심, 협동심, 경기력 등과 같은 요인들을 통합적으로 발휘하고 문제를 해결하도록 하며, 이 융합적 자질들을 집중적으로 개발하는 것을 강조하는 것이다. 스포츠교육의 이상이 가장 충실히 추구되고 구현될 수 있는 학교체육에서 바람직한 방향으로 나아가고자 하는 교육적 지향이라고 할 수 있겠다(실제로 완전히 성취하고 있느냐는 또 다른 문제이지만 말이다).

교육에서 드러나는 세 가지 전형적 변화의 양상들을 살펴보았다. 그것들에 기대어 스포츠교육에서 찾을 수 있는 세 가지 변화의 모습들도 간단히 엿보았다. 우리의 스포츠교육은 습득과 개발의 수준에서는 매우 큰 발전을 보이고 있다. 앞으로도 성장의 여지가 많다고 확신한다. 과학적 접근과 학문적 지식의 도움으로 운동기술의 습득과 그것을 통한 인적 역량의 개발은 매우 체계적이고 지속적으로 진행될 것이다. 그에 따라 스포츠교육에서 추구하는 습득적 변화와 개발적 변화의 성장은 나로 하여금 큰 기대를 갖게 한다. 하지만 또 다른 한편으로는, 한 가지 깊은 우려가 마음속에 내려앉는다.

나로서 한 가지 아쉬운 것은, 한국 스포츠의 그 어느 곳에서도 성숙적 스포츠교육을 추구하고 있지 않다는 현실이다. 우선, 학교체육에서 전인체육의 소실이다. 체육과 교육과정은 전통적으로 전인교육을 강조함으로써 성숙지향적 스포츠교육을 도모하는 모습을 보여왔다. 물론, 현실적으로 수사학에 그쳤음을 부인할 수 없다. 하지만, 역량중심적 스포츠교육에 대한 강조로 인하여, 교육과정 문서 상에서도 전인교육의 이상이 흐릿해져있고, 조만간 사라질 운명을 맞이하게 되지 않을까 염려된다. 그리고, 전문체육에서도 지나친 메달 강조, 승리 우선의 풍토로 아레테 스포츠로서 훌륭한 삶을 만들어나간다는 "칼로카가티아" Kalokagathia 의 이상이 더이상 보여지지도 들려지지도 않는다⁽⁵⁶⁾. 생활체육은 습득적 스포츠교육이 주는 오락의 달콤하고 짜릿한 향과 맛에 중독되어 더욱 깊이 빠져 들어가는 형편이다.

다시 말해서, 우리의 스포츠교육은 이제 더이상 트레이닝과 디벨롭핑 수준의 교육 너머를 바라보지 않으며, 그 이상을 추구하려고 하지 않는다는 말이다. 세 가지 스포츠교육의 모습에서 호올링으로서의 스포츠교육은 완전히 멸실되어가고 있다. 호울러로서의 스포츠교육자의 역할도 함께 망실되어가고 있다. 성숙을 위한 스포츠교육의 부활이 절실히 요망되는 시점이다. 교육적 변화의 핵심이자 알짬이며, 그래서 스포츠교육이 길잡이로 삼아야 하는 변화의 이상이기 때문이다. 스포츠교육을 완성시켜주는 최고의 변화 양상이기 때문이다.

⁽⁵⁶⁾ 스포츠교육의 맥락에서 아레테와 칼로카가티아의 이상에 관한 설명은 본 서적의 제5장 참조. 최의창(2018). 코칭이란 무엇인가(제2판). 최의창(2021). 스포츠 리터러시 에세이. 그리고 Holowchak, M., & Reid, H. (2011). *Aretism*. New York: Lexington Books 참조.

7 ── 반려스포츠 만나기

다시 제자리로 가보자. 결혼의 비유로 돌아오자. 스포츠 삼중 의미도 이 같은 상황이다(앞에서 이야기한 다층적 구조를 떠올려보라). 나와 축구는 통상적으로 게임적 관계 맺음으로 운동기능 습득과 발휘에 머문다. 그러다가, 조금 진지하게 의식할 때가 되면, 운동소양의 측면에 대해서 생각하게 된다. 운동능, 운동지, 운동심의 총체적 내용을 고려하며 통합적 성장에 대해서 고민하게 된다. 그리고, 월드컵이나 올림픽 축구경기가 펼쳐질 때에는 내가 진정으로 축구를 좋아하고 사랑하고 있음을 확인, 즉 축구인이면서 축구세계에 깊이 발을 들여놓았음을 깨닫게 된다. 그 기간이 지나면, 어떤 이는 다시 표층적 관계로 돌아가며, 또 어떤 이는 심층적 관계에 대해서 조금 더 진지한 태도를 가지게 되기도 한다.

축구 배우기(행하기)에 대해서 이렇게 다중적, 다층적으로 이해해야 하는 이유는 무엇인가? 무엇 때문에 축구를 "축구기능의 습득, 축구소양의 함양, 축구세계에의 입문"이라는 세 수준으로 받아들여야 하는가? 왜 겉에서 안으로, 또 안에서 속안으로 들어가야 하는가? 축구의 중층의미에 대하여 관심이 없는 사람은 이런 질문조차 던질 필요가 없다. 그냥 표층적 차원에서 축구를 하고 보면 된다. 그러나, 축구에 대해서 좀 더 진지한 자세를 취하고 싶은 사람들은 한번 이런 질문을 던져보고 답을 찾아보는 것이 나쁘거나 무용하지는 않을 것이다. 나는 이런 입장에서 지금 이 내용을 작성하고 있는 것이다(결혼의 경우도 마찬가지 아닐까?).

결혼상대자를 반려자 伴侶者라고 한다. 평생을 함께 옆에서 보내는 짝, 소중한 이를 부르는, 매우 적절하고도 아름다운 표현이다. 상대를 단지 생물적 필요와 정서적 욕구 충족을 위한 존재로만 바라본다면, 이런 표현은 있을 수가 없다. 진정으로 자기와 동일한, 나의 부족한 부분을 채워주며, 함께 하나의 인생을 만들어나가는 사람으로서 생각하였을 때에만 가능한 단어다. 이런 연유로, 우리가 애완동물, 애완견, 애완묘를 이제는 반려동물, 반려견, 반려묘로 부르고 있지 않은가. "애완" 愛玩이란 아끼고 귀여워한다는 뜻이다. 애완의 대상인 완구 玩具는 장난감이다. 애완동물과 반려동물의 차이는 하늘과 땅 차이인 것이다.

나는 우리가 좋아하고 사랑하는 스포츠를 애완의 차원이 아니고, 반려의 차원에서 이해해야 함을 강조하기 위해서 결혼의 비유, 그리고 중층의미를 설명한 것이다. 축구는 즐기는 공놀이 愛玩球이지만, 그것을 넘어선다. 축구는 반려운동, 반려스포츠 伴侶球다. 축구는 그냥 내가 가지고 노는 애완놀이에 그치지 않는다. 축구는 내 옆에서 나의 인생을 보다 온전한 것, 보다 행복하고 즐거운 것으로 만들어주도록 내게 다가온 선물이다. 나의 반려운동이다 伴侶運動. 축구는 나의 운동반려자, 스포츠반려자다. 애완축구이자 반려축구다. 그러니 당사자는 물론, 가족과 일가친척까지도 고려하고 고민해야 하는 것이 당연하다. 내 가족이 되었고 친족이 되었기 때문이다(다만, 현실에서 가족 반려자보다 운동반려자를 더 선호하는 우는 절대 범하지 마시기를!).

내가 축구를 존중하고 제대로 대하지 않거나 축구에 대해서 부정적 실수를 했을 경우, 나는 축구라는 가족, 축구라는 문중을 욕되게 하는 것이다(너무 지나친, 말도 안되는 생각인가?). 물론, 표면적으로는 그냥 공놀이를 잘못했을 뿐이다. 그런데, 조금 넓은 시점에서 보면, 축구소양에 흠집을 낸 것이며 축구문화를 오염시킨 것이 된다. 내가 그것을 의식하든 못하든, 축구를 삼중적, 다층적 관점에서 볼 때는, 실수를 넘어 흠집과 오염이 반드시 생겨난다. 당사자로서 내가 그것을 느끼거나 의식하지 못할 뿐이지만, 그 파장은 이중삼중, 일파만파로 번져나가게 되는 것이다. 아내나 남편, 즉 반려자를 천대하거나 박대하면 당사자뿐만이 아니라, 그 시댁 또는 처가, 더 나아가 일가문중－家門中 모두에게 영향이 미치게 된다.

그리하여, 스포츠를 사랑하는 우리는 스포츠 가르치기의 다층적 의미에 대해서 관심을 가져야만 한다. 표층적, 내층적, 심층적 의미에 관해 알고 있어야 한다. 애완스포츠를 넘어서는 반려스포츠의 차원을 인정해야만 한다. 직접적으로 느껴지지 않는 관계라고 해서, 또는 너무 막연하고 지나친 해석이라고 해서 스포츠를 단층적 수준에 제한시켜서는 안된다. 적어도 스포츠를 진심으로 사랑하고 애지중지하는 애호가들은, 이러한 단순한 인식으로 스포츠를 행해서는 곤란하다. 이제는 일반인과 경기인을 막론하고, 모든 스포츠 애호가들이 스포츠의 다층적 의미에 대한 이해를 갖추어야 하는 시점이다. (호울) 스포츠는 그만한 가치를 지닌 인류의 문화유산이다.

　나비효과라는 개념이 있다. 중국 북경에서 펄럭인 나비 날갯짓이 미국 캔사스에서 토네이도를 일으킨다. 나와 축구의 관계가 표층에서 한 번 출렁이면, 축구의 내층과 심층에 다다라서는 쓰나미가 되어 큰 파괴력을 가지게 된다. 표층에서는 전혀 인지하지 못한다. 오늘날 한국 스포츠의 하늘에는 회색빛 미세먼지층이 점차 두터워지고 있다. 스포츠 숨쉬기를 어렵게 만드는 이 희뿌연 하늘의 정체는, 마치 장마 뒤 작은 강들에 실려 내려와 서해 바닷가에 몰리듯 쌓인 쓰레기 더미처럼, 우리 각자가 개인적 수준에서 벌인 자그만 일들이 내가 사랑하는 그 종목, 나아가 한국 스포츠 전체에까지 영향을 미친 것이 아닌지 돌아볼 일이다.

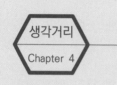

생각거리
Chapter 4 ——— 더 생각하고 이야기해볼 문제들

01 "스포츠의 목적"(축구)과 "스포츠교육의 목적"(축구교육)은
같은가 다른가?

02 "스포츠 세계(축구 등)에 입문한다"는 말은 독자에게 있어
무엇을 의미하는 것일까?

03 "스포츠교육(에서)의 나비효과"라고 부를 수 있는 현상은 무
엇이며, 어떤 다양한 모습으로 나타날까?

Chapter **5**

스포츠 파이데이아

1 —— 자유교양교육적 스포츠교육

나는 지금까지 시종일관 교육의 출발은 내용이라고 주장하였다. 스포츠교육의 출발도 내용, 즉 스포츠다. 그렇다면, 교육의 마침은 무엇인가? 그것은 배우는 이다. 스포츠교육의 마침도 배우는 이(학생, 선수, 회원 등)다. 내용은 결국 가르치는 이의 노력으로 배우는 이의 몸과 마음과 영혼에 고스란히 안착되어야 교육적 여정을 마무리한다. 가르치는 이는 가르쳐야 할 내용을 제대로 내면화시킴으로써, 배우는 이의 변화, 가능한 총체적 변모를 도모하는 것을 희망하고 노력해야 한다. 이런 의도와 결과를 도모할 때, 스포츠 가르치기가 스포츠교육으로 된다. 단순한 운동기량, 즉 스포츠 컴피턴시를 넘어서 운동소양 즉, 스포츠 리터러시를 지향해야 한다.

스포츠를 통한 전인적 차원의 총체적 변모를 의도하는 노력이 바로 스포츠교육이다. 이러한 특별한 의도와 색채를 지닌 스포츠교육은 "전인교육" 보다 구체적으로는 全人體育 이라고 부른다. 스포츠라는 교육내용에 대한 실천전통적 이해를 바탕으로 전개하는 가르침과 배움의 노력은, 제대로 수행되었을 때, 전인교육에서 추구하는 온전한 사람으로의 성숙을 이루어낼 수 있다. 예로부터 이런 교육은 전인교육이라고 불러왔으며, "자유교양교육"이라는 특정 명칭으로 일컬어져 왔다. 내가 여기서 전개한 스포츠 리터러시 교육론은 자유교양교육의 철학을 스포츠 가르치기에 적용하여 풀어낸 하나의 사례이다. 그리하여, 이러한 전인교육적 스포츠교육, 즉 전인체육은 자유교양체육自由敎養體育 이다(57).

스포츠 리터러시 교육론은 전인체육의 한 사례이며, 자유교양체육의 한 전례이다. 전인적 스포츠교육의 한 본보기이며, 자유교양적 스포츠교육의 한 경우이다. 우리는 앞에서 내내 스포츠 리터러시의 개념이 담아낸 스포츠의 특성, 가르치는 방법의 특성, 가르치는 사람의 특징, 그리고 가르치는 이유들을 살펴보았다. 본격적으로 전인교육이나 자유교양교육이라는 용어와 단어 등은 사용하지 않았으나, 실천전통교육관과 인문적 체육교육론은 자유교양교육의 전통과 전인교육의 계보 속에서 움트고 싹튼, 그리고 자라난 교육관과 교육론이다. 나는 이 마지막 장에서 그 관련성을 조금 더 명료하게 드러내 본다.

"스포츠교육"은 영어로 sport education으로 옮겨질 수 있다. 하지만, 나의 개인적 선택은 조금 다르다. 나는 전인교육과 자유교양교육으로서의 스포츠교육을 강조하기 위하여 *Sport Paideia*라는 용어를 선호한다. "파이데이아"는 그리스어로 교육이란 뜻이다. 그대로 옮겨도 스포츠 파이데이아는 스포츠교육으로 읽힌다. 하지만, sport education보다는 조금 더 묵직한 의미를 지닌다. 적어도 나는 그런 뜻으로 스

---

(57) 자유교양교육으로서의 체육 또는 스포츠를 주장하는 글로서는 최의창(2018). 스포츠 리터러시. "교양으로서의 교양체육," 최의창(2020). 한 장 글쓰기. "자유교양체육," 최의창(2021). 스포츠 리터러시 에세이. "플라톤의 기초교육" 등 참조.

포츠 에듀케이션보다 스포츠 파이데이아를 선호하는 것이다. 이 마지막 장에서는 앞에서 살펴본 스포츠 리터러시 교육론을 전인체육과 자유교양체육의 맥락에서 재정리해 본다.

스포츠교육 및 관련 개념들

스포츠교육은 근본적으로 스포츠 리터러시를 함양하는 활동이며, 운동소양을 길러서 운동향유력을 높이는 노력이다. 운동소양을 길러서 운동향유력을 높이면, 즉 스포츠 리터러시가 함양되면, 배우는 이는 능·지·심소양이 갖추어져서 온전한 사람으로 한걸음씩 성장할 수 있게 된다. 한 사람을 이루는 체성·지성·감성·덕성·영성이 더욱 긴밀하게 연결되어 하나로 반응하는 수준이 높아지는 상태로 된다. "운동향유"는 자신이 잘하고 좋아하는 다양한 방식으로 체험하는 것, "자기 성장"은 온전한 사람이 되어가는 것, "행복한 삶'이란 신체활동을 즐김으로써 자기 성장을 도모할 수 있는 함께하는 생활을 뜻한다. 스포츠교육 전문가를 스포츠교육자, 스포츠 페다고그, 호울리스트, 또는 스포츠 리터러시 지도자라고 한다.

• 스포츠교육(sport education, paideia)
  신체활동을 즐길 수 있도록, 그 체험이 자기 성장이 될 수 있도록, 그래서 행복한 삶을 살 수 있도록 돕는 노력

• 스포츠 리터러시(sport literacy)

스포츠를 잘 하고 잘 알고 잘 느낄 수 있는 자질. 스포츠에 관련한 능, 지, 심의 종합적 자질. 운동소양이자 운동향유력으로 부른다.

• 운동소양(運動素養)

스포츠를 잘 하고 알고 느낄 수 있는 자질로서, 기능과 체력의 능소양, 지식과 판단의 지소양, 정서와 인성의 심소양으로 구성된다.

• 운동향유력(運動享有力)

축적된 운동소양이 발현되었을 때에 지칭하는 명칭. 스포츠를 다양하게 즐길 수 있는 자질로서, 하는 것으로 즐기는 능향유, 아는 것으로 즐기는 지향유, 느끼는 것으로 즐기는 심향유로 구성된다.

• 신체활동(physical activity)

종합적으로 스포츠 또는 운동이라고도 부를 수 있는 활동들로서 movement, exercise, sport, martial arts, leisure, dance, play 등으로 분류된다.

• 전인성(wholeness)

스포츠 리터러시라는 자질은 운동을 통함으로써 얻어지는 자질이지만, 사람의 온전성, 즉 홀니스를 갖추는 과정에 절대적으로 필요하다. 체성, 지성, 감성, 덕성, 영성의 차원이 각각 분절되어 서로 연결이 강하지 않은 상태를 벗어나 하나로 강력히 연결되어 작동하도록 직접적, 간접적으로 도움을 준다.

• 스포츠 페다고그(sport pedagogue, wholist)

스포츠교육을 실천하는 자격과 자질을 갖춘 지도자, 스포츠교육인, 스포츠교육자를 의미한다.

2 ── 엔키클리오스 파이데이아

"전인교육"全人敎育 — 몸과 마음과 영혼이 온전하게 균형 잡힌 사람으로 성장시키는 교육. 동서양 어떤 시대를 막론하고 교육의 최고 이상은 "조화로운 인간형성"이었다. 서양의 경우 온전한 사람은 "*Homo Capax Universi*", "well rounded person" 또는 "whole person" 등의 용어로 표현되었다. 그리고 이러한 사람을 만드는 교육은 "*enkyklios paideia*"(엔키클리오스 파이데이아)라고 불리었다. 영어로 그대로 옮긴 것이 "well-rounded education"이다. 이 영어표현이 통상적으로 "전인교육"으로 번역되어 사용되었다. 새로운 개념들이 소개되기는 하였어도, 이 교육적 이상은 현재도 여전히 유효하다. 가장 최근의 유행어로는, "전인적 역량" 등으로 겉모습만 변형되어 강조될 뿐이다.

"파이데이아" paideia 는 이같은 교육이상을 추구한 그리스인들이 창안한 개념이다. 그리스어 "*paideia*"는 영어로 통상적으로 education으로 번역되고 있다. 교육을 의미하며, 구체적으로는 "아동의 양육"을 뜻한다. 교육자 pedagogue, paidagogos, paidotribe 와 교수법 pedagogy 은 모두 어린이 paidos 라는 어원으로부터 나온 단어들이다. 로마와 중세의 *humanitas*, 르네상스의 *Bildung*, 근대의 "liberal education", 그리고 현대의 "general education" 등 서양교육의 저층을 면면히 흐르는 큰 물줄기를 이뤄낸 인문교양교육의 발원처가 된 개념이다. 시대마다 약간씩 외형이 변하면서 이어져오기는 했으나, 핵심과 중심은 바뀜 없이 그대로 보존되어 왔다. 근본적 차원에서, 교육은 사람이 하늘로부터 타고난 바, 지덕체가 균형 있고 조화롭게 발달된 존재로 성장하도록 돕는 인간적 노력이다[58].

파이데이아는 특정한 이상을 추구하는 교육을 일컫는다. 그것은 그리스 시대에 가장 훌륭하게 꽃피워진 교육의 이상이다. 파이데이아는 그리스 도시국가에서 어린아이를 훌륭한 시민으로 성장하도록 키워내는 교육을 의미한다. 체육, 음악, 문법, 시, 수사, 천문학, 산수 등을 배워서 모든 면에서 조화롭고 균형 잡힌 성인(즉, 시민)으로 성장시키는 것이다. 우리가 교육적으로 완성된 이상적 모습의 학생 상으로 사용하는 표현인 "well-rounded person" 또는 "whole person"은 바로 이러한 성인을 지칭하는 말이다. 파이데이아의 이상이 낳는 그리스의 어른은 이상 속에서는 전인으로, 생활 속에서는 시민의 모습으로 추구되었다.

파이데이아의 이상은 이후 서구 교육의 큰 물줄기로서 중세와 르

---

[58] 자유교양교육의 역사와 전통에 관해서는 손승남(2011). 인문교양교육의 원형과 변용. 서울: 교육과학사 참조. 특히 그리스의 교육사상에 대해서는 오인탁(2001). 파이데이아 고대 그리스의 교육사상. 서울: 학지사 참조. 특히 이 책에서 추구하는 인문적 자유교양체육(스포츠교육)과의 연계가능성에 대한 실마리를 제공해주는 새로운 접근으로서는 Miller, A(2016). *A new vision of liberal education: The good of the unexamined life*. London: Routledge 참고.

네상스, 그리고 근대를 거쳐 지금까지도 면면히 이어져오고 있다. 현대에는 자유교양교육 liberal education 의 모습으로 나타나있다. 하지만, 안타깝게도 최근에는 포스트모던적 사고방식, 신자유주의적 사회경향의 영향으로 그 모습이 흐릿해져가고 있는 중이다. 급격한 변화가 일상이 된 현대사회에서는 지, 덕, 체가 균형 잡힌 사회인은 거의 멸종지경의 희귀 존재로 여겨지고 있다. 각자 자기의 능력과 욕구를 최대한 추구하고 성취하는 역량으로 가득 찬 "전인" 專人, talented person 을 기르는 것이 교육의 주된 목표가 되었다.

저명한 교육사학자 베르너 예거나 앙리 마루가 모두 극찬했듯이, 고대 그리스는 서양의 교육적 이상이 가장 완성된 형태로 가장 찬란하게 펼쳐지던 시기다. 이들은 모두 입을 모아 그 핵심에는 파이데이아의 이상이 있음을 주장한다. 그리스는 아직 미완성인 어린이를 완성된 어른으로 성장시키는 최선의 노력으로서 교육을 파이데이아로서 개념화시키고 현실화시켰다. 미숙한 인간 존재의 잠재적 본성을 가정하고 그것을 그리스적 삶에 최적화된 수준으로 개발하고 발현시킬 수 있도록 철학적 바탕과 체계적 실천을 마련하였다[59].

이들은 학교와 사회, 두 통로를 통해서 파이데이아의 이상을 실현

---

[59] Jaeger, W. (1935). Paideia. 김남우(역). 파이데이아: 희랍적 인간의 조형. 서울: 아카넷. Marrou, A. (1948). *Histoire de l'Education dans l'Antiquite.* 이홍우, 지정민, 구리나, 이호찬(역). 서양 고대교육사. 서울: 교육과학사.

시켰다. 팔레스트라와 김나지움이라는 초중등학교와 고등교육 시스템을 통하여 집중적으로 파이데이아의 이상을 실천하였다. 체계적인 커리큘럼을 마련하여 10대 소년들을 교육시켰다. 이에 덧붙여 사회생활 전체가 파이데이아의 이상을 실현시키는 교육의 장으로서 작동할 수 있도록 성인들은 법률, 규칙을 제정하고 관습, 풍토를 조성해냈다. 어른들이 솔선수범으로 아이들을 가르쳤다. 명시적 교육과정과 잠재적 교육과정이 함께 구동되었다. 스포츠교육의 이상이 구현된 시대다.

사람의 조화로운 성장은 특정 교과내용으로 조성해낸다고 믿었다. 예를 들어, 그리스에서는 문학, 음악, 체육과 철학이 주요 학습내용이었다. 로마와 중세에서는 통상적으로 7자유학예(3학: 문법, 수사학, 논리학, 4과: 대수, 기하, 음악, 천문학)라고 부르는 대표지식을 습득하였다. 현대의 학교와 대학에서 배우는 내용들도 그 핵심내용에 있어서는 이같은 내용을 크게 벗어나지 않고 있다. 인간성장을 위한 기본내용이라는 뜻에서 "교양교육", 인문적 지식이 중심이 된다고 하여 "인문교육", 또는 이 둘 모두를 반영하여 "인문교양교육"이라는 이름으로 불리어지고 있다.

너무 어렵게 시작한 듯하다. 그저 스포츠교육에 대해서 이야기하려고 한 것뿐인데. 교육의 근본적 이상이니 뭐니 하면서, 너무 크게 열어젖혔다. 운동기능을 잘 구사하도록 가르치는 일 정도뿐인 스포츠교육을 너무 거창한 맥락에 위치시켰다. 스포츠교육이란, 운전을 잘 하도록 가르치는 운전교육이나 맛있는 음식을 만드는 요리교육처럼, 축구나 농구 게임을 잘 하도록 운동기술을 가르치는 일이지 않은가? 그렇다, 스포츠교육은 그런 수준의 일로 그칠 수도 있다. 하지만, 그렇지 않을 수도 있다. 사실, 그렇지 않다.

나는 그런 측면에서 스포츠교육을 바라보고 싶다. 그리스인이 추구한 "파이데이아"로서의 스포츠 가르치고 배우기에 대해서 살펴보고 싶다. 배우는 이를 "온전한 사람"으로서 성장시키는 매우 중요한 노력으로서의 스포츠교육에 대해서 스스로 납득하고 싶다. 단지 신체건강 증진과 신체기능 향상을 도모하는 노력으로서의 스포츠 가르치기가 아닌. 신체 육성도 물론 한 가지 중요한 교육적 목표지만, 궁극적인 교육적 이상은 아니다. 그리스인들은 그 가능성을 알았던 것이다. 그래서 팔레스트레이아와 김나시온에서 체육을 핵심적으로 가르쳤던 것이다. 엔키클리오스 파이데이아를 위한 핵심 교과목으로 필수화시킨 이유다.

파이데이아의 이상을 간직한 스포츠교육은 "스포츠 파이데이아"라고 부를 수 있다[60]. 스포츠를 배움으로써 온전한 사람으로 성장하는

---

[60] 이 표현은 내가 주장한 것이다. 자유교양교육의 지향성을 지닌 스포츠교육으로 스포츠 리터러시라는 개념이 굳건히 설 수 있는 견고한 인문적 스포츠교육철학적 기반이 되어준다. 인문적 스포츠교육의 철학적 기반을 이해하는 데에는 <가지 않은 길 시리즈>가 도움이 된다. 특히 최의창(2016). 가지 않은 길 3(개정판): 인문적 체육의 역연금술 참조. 교육철학적 기반은 서로 다르지만, 스포츠를

과정(또는 반대편에서 말하여, 스포츠를 가르침으로써 온전한 사람으로 성장시키는 과정)이다. 스포츠 파이데이아는 어떤 특징을 가지고 있는가? 내가 희망하는 스포츠 파이데이아는 특정의 개념적 모습을 지니고 있다. 그 가운데 핵심적으로 중요한 스포츠 리터러시, 그리고 홀니스라는 개념을 중심으로 설명하겠다. 홀니스는 교육내용과 교육대상자의 온전한 상태를 설명하는 근본 개념이다. 스포츠 리터러시는 교육내용의 홀니스가 교육대상자의 홀니스가 되도록(즉, 내면화되도록) 돕는 매체다.

3 —— 스포츠 리터러시

우선, 스포츠 리터러시다. "스포츠 리터러시" sport literacy는 운동소양이라고 부르며 "운동을 잘 하고 잘 알고 잘 느낄 수 있는 자질"이다. 운동능, 운동지, 운동심의 세 요소로 구성된다. 스포츠교육을 통해서 배우는 이에게 종합적으로 길러지는 기초적 자질이다. 소양이란 기본자질, 기초소질을 말한다. 스포츠를 배우면 운동을 잘 하게

통한 자유교양교육의 가능성에 대한 체계적이고 설득력 있는 미국학자의 대표적 연구로는 Charles, J. (2002). *Contemporary kinesiology*(2nd ed.). Champaign, IL: Stipes Publishing 참고.

되고, 잘 알게 되고, 아주 좋아하게 된다. 이 소양들이 쌓이면서 운동을 하는 것, 아는 것, 느끼는 것으로 향유할 수 있게 된다. 운동을 다양하게 즐길 수 있게 된다는 말이다. 축구 경기를 하고, 축구 시합을 응원하고, 축구 칼럼을 읽고, 축구 미술을 감상하고, 축구 이론을 분석하는 등등.

과학을 배우고 문학을 배우는 이유는 과학을 즐기고 문학을 즐기기 위함이지 않은가? 과학소양과 문학소양을 갖추려고 노력하는 것은 과학과 문학이 주는 즐거움을 만끽하기 위해서이다. 단순히 실험을 하는 것이나 소설을 읽기 위한 일차원적이고 단면적인 즐거움에 그치는 것이 아니다. 스포츠(체육)도 마찬가지다. 야구를 향유하되, 단지 하는 것이라는 한 가지 방식으로만 즐기는 것이 아니라, 그리고, 부르고, 만들고, 모으고, 나누고, 계산하고, 응원하고, 쓰는 등 수십 가지로 다양하게 음미하고 맛볼 수 있도록 돕는 것이다. 즉 능, 지, 심으로 향유할 수 있도록 능소양, 지소양, 심소양을 다양하게 골고루 길러주는 것이다.

스포츠 리터러시를 갖추면 당사자는 어떤 종목에 대해서 입체적(삼차원적)인 이해와 체험을 할 수 있게 된다. 기능, 지식, 태도의 차원에서 능, 지, 심으로 체험할 수 있게 된다. 이런 삼차원적 학습은 스포츠라는 학습내용의 특성 때문이다. 하나의 실천전통 또는 문화활동으로서의 스포츠(농구, 배구, 수영 등)는 역사적, 사회적 맥락을 거쳐 발달해오면서 기능적 차원, 지식적 차원, 태도적 차원을 발전시켰다. 나는 각 차원을 기차원, 식차원, 혼차원이라고 부른다. 운동의 기·식·혼技·識·魂은 사람의 신체·정신·영혼身·心·靈에 대응된다. 문화활동으로서의 골프는 골프기, 골프식, 골프혼으로 구성되어 있다. 골프 기·식·혼 모두 골프이며, 모두 중요하다.

스포츠가 이렇듯 삼차원으로 되어있는 교육내용이기 때문에, 사람의 지와 덕과 체의 삼차원이 모두 영향을 받는 것이다. 농구의 기는 사람의 체能에, 식은 사람의 지智에, 혼은 사람의 덕心에 각각 직접적으로 작용하여 향상된다(축적된다, 함양된다, 증진된다). 농구의 기·식·혼을 총체적으로 배움으로써 사람은 농구능, 농구지, 농구심을 자신의 전체에 쌓게 되는 것이다. 농구의 기능, 지식, 정신을 모두 학습함으로써만 배우는 이는 농구 리터러시를 골고루 갖추게 된다. 이럴 때, "엔키클리오스 바스켓볼 파이데이아"a well rounded basketball education 가 이루어지는 것이다.

이럴 경우에 농구는 한 사람의 전체, 총체, 전부에 변화를 주어서 지덕체에 균형 잡힌 성장을 가져다줄 수 있게 된다. 온전한 사람으로서 성장하는 데 도움을 주는 교육체험으로서 역할을 할 수 있게 된다. 농구의 기·식·혼 전 차원을 모두 체험하고 학습해야만 한다. 그래야 온전한 농구가 체험된다. 그래야 제대로 농구소양basketball literacy 이 생겨난다. 온전한 농구만이 온전한 사람을 기를 수 있다. 농구기, 농구식, 농구혼 어느 한 차원, 특히 농구기에 집중된 교육만으로는 편향된 농구교육, 파편적 농구교육에 그칠 뿐이다. 물론, 현실에 있어서 선수

는 기능에 초집중하고, 교수는 지식을 강조하며, 팬은 정신을 중요시
하는 등, 맥락과 직무에 따라서 분량과 초점이 조금씩 달라질지라도,
농구소양의 세 차원은 반드시 동일하게 애지중지되어야만 한다.

그리하여, 스포츠 파이데이아는 스포츠 리터러시를 기르는 것이
목적인 인간활동이다. 스포츠를 다양하게 향유할 수 있는 운동소양
을 길러주는 일이다. 능향유, 지향유, 심향유를 할 수 있도록 능소양,
지소양, 심소양을 쌓도록 하는 일이다. 이것이 표면적으로 드러나는
파이데이아로서의 스포츠교육의 목적이다. 그런데, 스포츠 파이데이
아는 또한 스포츠를 통하여 온전한 사람으로 성장하도록 돕는 노력
이라고도 하였다. 교육이란 겉으로 무엇인가를 할 수 있도록 해주는
일이면서 동시에, 안으로는 그 사람 자체를 변모시키는 일이기도 하
다. 그 사람의 내면 존재가 변모되는 것을 통해서 외면 능력이 증진
되는 것일지도 모른다. 두 번째 설명은 파이데이아의 이면적 차원을
알아보는 것이다.

4 ── 홀니스

앞에서 사람은 지덕체의 삼차원적 존재로 되어있음을 상정하였다.
온전한 사람은 몸, 마음, 영혼의 삼차원이 조화롭게 균형 잡힌 이라
고 하였다. 내가 사태를 좀 단순화시킨 것이다. 조금 복잡하게, 하지

만 진실에 좀 더 가까운 방식으로 설명이 필요한 시점이다. 사람은 다섯 가지 성향을 지닌 존재다. 몸, 마음, 영혼을 말하는 데에 있어서 마치 이 세 가지가 각각 몸처럼 존재하는 세 개의 실체처럼 간주하고 설명했다. 그런데, 실체로 존재하는 것은 몸밖에 없다. 마음과 영혼은 몸으로부터 추론되는 존재들이다. 간단히 말해서, 사람은 육체로 되어있고 그 육체는 5가지 성향을 지니고 있는 존재다. 이 5가지는 체성, 지성, 감성, 덕성, 영성體·智·感·德·靈性이다. 이 오성은 독립적으로 작동하며 또한 융합적으로도 작용한다(표 3).

표 3 오성의 특징

	수식어	특 징	인성요소
W	Wise, Wisdom	지혜로운 생각과 시의적절한 판단	智性
H	Healthy, Health	건강하고 밝은 몸과 마음의 상태	體性
O	Open, Openness	사람과 사회에 포용적인 태도	德性
L	Loving, Love	세상의 모든 존재에 대한 깊은 사랑	靈性
E	Emotional, Emotion	희노애락을 느껴내는 정서와 감정	感性

파이데이아는 우리의 육체를 통해서 기능(발현)하는 이 5가지 성향을 독립적으로 함양시켜 주는 조처다. 이와 동시에 이 각각이 서로 강하게 연결되어 융합적으로 기능할 수 있도록 하는 조처이다. 지덕

체(능지심)의 3가지를 체지감덕영의 5가지로 확장하였다고 생각해도 그리 큰 이상은 없다(2개로 줄이면 심신이나 영육이다). 그리스인들은 파이데이아를 이같은 복합적 효과를 도모하는 상위노력으로 개념화한 것이다. 단순히 각각의 성향을 강화, 증가, 확대시키는 것도 쉽지는 않지만, 그것에만 그치면 온전한 사람으로 성장하는 것이 가능하지 않다고 확신한 것이다.

그리하여, 우리가 체육 體育, physical education 이라는 학교교과, 또는 분야를 위한답시고 몸이 제일이고 신체가 출발이고 육체가 중심이라고 강변하는 것은 파이데이아의 정신에 어긋난다고 말할 수 있다. 그러면 동일한 논리 선상에서, 수학과 과학과 영어 등 다른 모든 주요 과목들이나 분야가 주장하는 마음이 제일이고 정신이 출발이고 종착점이라는 생각도 옳은 것이 되어버린다. 서로 반대의 방향에서 각자의 방향으로만 줄을 당기는 꼴이 되어버린다. 줄은 끊어져 버리고 서로에게 남는 것은 쓸모없이 동강난 줄 이외에는 아무것도 없다. 사람은 그렇게 이분법적 존재가 아니다. 교과의 가치도 몸이냐 마음이냐의 이분법적 논리 위에 놓여있지 않다.

사람은 몸 또는 마음(몸/마음)의 존재가 아니다. 사람은 육체라는 하나의 실체에 5가지 성향을 가지고 있는 다층적, 다차원적 존재다. 그리고 이 성향들은 모두 연결되어 있다. 왜냐하면 육체라고 하는 하나의 실체(안?)에 존재(?)하기 때문이다. 하나 속에서 모두가 작동하고 기능하며 작용을 일으킨다. 그러니 연결이 될 수밖에 없는 것이다. 예를 들면, 체성이 감성과 덕성과 영성에, 영성이 체성과 덕성에, 지성이 체성과 감성에 영향을 미치는 것이다. 사람은 살아가면서 배워나가면서 이 각각의 것들의 연결성이 강해지거나 끊어지거나 하는 것이다. 균형이나 조화라는 표현은 바로 이 연결성의 특별한 상태에 대한 묘사라고 할 수 있다[61].

동양의 신유학에서는 이 상황을 본연지성 本然之性과 기질지성 氣質之性으로 구분하였다. 본연지성은 타고나는 본성이다. 사람이라는 존재 그 자체에게 주어진 본성, 예를 들어 오성이다. 기질지성은 우리 개개인이 유전이나 환경에 따라 다르게 받아 갖춰있는 것이다. 나는 여기에 "교육지성" 敎育之性이라는 것을 덧붙이고 싶다. 교육을 통해서 생겨나거나 만들어지거나 연결이 강해지는 기질지성 말이다. 이것은 많은 부분, 특히 나이 들어갈수록 나 스스로가 어찌해야만 하는 영역의 성향이다. 파이데이아는 교육지성을 일구어 나가는 인류전체의 집단적 노력인 것이다[62].

사람의 본연지성으로서의 체·지·감·덕·영성은 품부 받은 바 모두 지니고 태어나지만 아직은 미발현, 미성숙 상태다. 기질지성으로 인해

---

[61] 몸과 마음과 영혼의 총체적 통합의 시각에서 몸과 마음을 온전한 상태로 성숙시키기 위한 다양한 개념적 접근과 실천적 방안을 보여주는 최근의 연구로 Torevell, D., Palmer, C. & Rowan, P.(2023). *Training the body: Perspectives from, religion, physial culture and sport.* 참조.

[62] 스포츠 리터러시는 교육지성의 한 종류라고 할 수 있다.

서 그것은 각자 제각각의 분량과 수준으로 갖추어져 있다. 파이데이아는 교육지성의 발현을 통해서 각자의 기질지성을 본연지성에 가깝게 회복시켜 주려는 노력이다. 나는 이 본연지성의 충일한 발현상태, 즉 온전한 사람으로서 이것을 갖춘 상태를 "홀니스"wholeness 라고 불러왔다[63]. 파이데이아는 사람의 홀니스(온전성, 전일성)를 되찾는 시도이며, 스포츠 파이데이아는 스포츠를 통해서 각자의 홀니스를 가득하게 만들어주는 노력이다. 스포츠교육은 홀니스가 축적되는 과정이다. 물론, 지금까지의 설명은 배우는 이의 내면에서 보이지 않게 진행되는 과정이다. 외면적으로는 스포츠 리터러시가 함양되는 과정이다.

5 ── 페다고그와 군자

이런 엄청난 스포츠교육을 어떤 이가 펼칠 수 있겠는가? 우리 동네의 골프 연습장, 구민들이 다니는 문화체육센터, 또는 야구동호회 지도자의 역량과 자질로 도대체가 가능하기는 할 일인가? 그런 자질을 지닌 이가 있다고 하더라고, 일주일에 1-2회, 20-30분의 지도를 통해서 언감생심 기대할 수나 있는 일인가? 그리고, 무엇보다도 이러

---

[63] 홀니스에 관한 보다 상세한 설명은 최의창(2018). **스포츠 리터러시**. "너의 이름은" 참조.

한 홀니스의 철학이나 존재를 이해하고 받아들일 수 있는 이가 실제로 있을 것인가? 이 과학적 스포츠의 시대에 눈에도 보이지 않고 물리적으로 측정도 되기 어려운 무형의 에너지 같은 실체를 인정하고, 그에 근거해서 자신의 일을 실천하는 이는 몇이나 될 것인가?

당연히 많지는 않겠지만, 전혀 없다고 속단 내리는 것도 잘못이다. 세상은 넓고 사람은 다양하다. 스포츠 가르치기를 실행하는 이들 가운데에는 현재처럼 기능위주, 기법중심의 과학적 접근의 한계에 실망하고 대안적인 접근과 방안들을 찾고 시도하는 이들이 있다. 또한 인문적 접근에 대해서 한 번도 접해보거나 들어보거나 배워보지 못하였기 때문에, 그 존재 자체를 알지 못하는 경우가 상당하다. 알더라도 들어만 보거나 제대로 이해하지 못해서 호응하거나 시도해보지 못한 이들도 많다. 이 책은 그러한 스포츠 페다고그들, 또는 예비 페다고그들을 위한 것이다.

그리스에서는 귀족의 가정에서 파이데이아를 실천하는 이들을 "파이다고고스"paidagogos, 즉 교복敎伏이라고 불렀다. 이들은 귀족의 자녀들을 가르치는 고급 노예들로서, 다른 나라에서 잡혀 오거나 팔려 온 귀족 출신의 학식 높은 노예들이었다. 이들은 일종의 가정교사로서 역할하였으며, 주인의 자녀들을 초중등교육기관인 팔라에스트라와 고등교육기관인 김나지온으로 등하교를 시키는 일을 맡아서하였다. 그리고 이외의 시간에 개별적으로 더 필요한 교육을 제공하였다. 이 두 교육기관에는 체육이 매우 중요한 교육과정이었고, "파이도트리

베" paidotribe 라고 하는 교관이 전문적인 운동기능을 지도하였다.

이들이 영어 단어화된 오늘날의 용어는 "페다고그" pedagogue 다. 통상적으로 교육자로 불린다. 그리하여 스포츠 파이데이아의 담당자로서 스포츠교육을 실행하는 이들은 스포츠 페다고그라고 할 수 있겠다. 스포츠코치, 트레이너, 강사, 체육교사, 사범, 티칭프로 등등 가르치는 종목과 분야에 따라 구체적 명칭은 다르지만, 이들을 모두 현대판 스포츠 파이도트리베, 또는 파이다고고스라고 할 수 있다. 스포츠 지도를 담당하는 다양한 그룹들은 오늘날의 스포츠 페다고그인 것이다.

나는 이와 함께 동양적 이미지를 차용하여, "군자"君子라는 표현을 오랫동안 활용해왔다. 스포츠교육자(또는 스포츠전문인 전체)는 "스포츠군자"다. 교육적 관점에서 군자의 가장 큰 특징 두 가지가 있다. 그것은 "불기"不器와 "문질빈빈"文質彬彬이다. "군자불기"(논어, 위정)는 "군자는 무엇을 담는 그릇이 아니다"라는 일차적 뜻을 갖는다. 이 표현은 군자는 한 가지 기능만을 가진, 무엇인가 작게 정해진 것만을 해낼 수 있는 기능인이 아님을 의미를 지니고 있다. 군자는 사실을 많이 알거나 높은 기술을 지닌 것에 한정된 자질을 지닌 이로 머물러서는 안된다는 속뜻을 담고 있다.

문질빈빈이란 표현의 원문 출처는 "질승문즉야 문승질즉사 문질빈빈연후 군자質勝文則野 文勝質則史 文質彬彬然後 君子"(논어, 옹야)이다. 타고난 것이 꾸민 것을 넘으면 거칠어지고, 꾸민 것이 타고난 것을 넘으면 겉치레가 된다. 타고난 바탕과 꾸민 겉모습이 모두 뛰어나고 잘 어울려야 군자라고 할 만하다는 뜻이다. 안과 밖, 겉과 속이 모두 풍성해야 한다, 본성과 교양이 함께 훌륭하여야 한다, 인간성과 전문성이 균형 있게 개발되어야 한다는 의미로 해석된다. 질은 심성적 차원의 자질, 문은 재능적 차원의 역량을 뜻한다. 참으로 뛰어난 경지의 특징이 아닐 수 없다.

그러므로, 스포츠 페다고그로서 군자코치는 불기다. 코치군자는 문질빈빈이다. 스포츠교육자는 가장 훌륭한 교육자로서의 본보기라 할 수 있다. 홀니스와 호울 스포츠의 철학이 그대로 적용된 상태라면, 스포츠 페다고그는 말 그대로 파이데이아의 원형을 현대에 복원시키고 실현시킬 수 있는 가장 적합한 당사자라고 할 수 있다. 스포츠 페다고그는 스포츠군자다. 동양적 고대에 사회의 이상적 지도자상으로 추앙받았던 군자처럼, 현대사회에서 일반인들의 삶을 보다 나은 것으로 이끌어가는 지도자로서 스포츠교육자는 스포츠군자라고 할 만하다. 그이는 스스로가 홀니스를 추구하여 문질빈빈한 불기가 되려고 노력한다[64].

---

[64] 인문적 스포츠와 스포츠 리터러시의 관점에서 기대하는 스포츠교육자의 모습을 뚜렷하고 다양하게 그려내는 것은 오랫동안 나의 주된 관심사였다. 특히, 최의창 (2010). 가지 않은 길 2. "스포츠교사론: 스포츠 페다고그", 최의창(2015). 가지 않은 길(개정판). "사이언스맨 혹은 르네상스맨", 최의창(2016). 가지 않은 길 3(개정판). "우리 시대의 포정"과 "철인군자론", 최의창(2020). 한 장 글쓰기. "문질빈빈론" 참조.

6 ── 표면의 교육과 이면의 교육

파이데이아로서의 스포츠교육은 표면表面 과 이면裏面 (또는 표층과 심층)으로 진행된다. 표면적으로는 스포츠 리터러시를 함양하는 과정이다. 배우는 이에게 운동소양으로서 운동능, 운동지, 운동심을 쌓아 갖추어 나가는 과정이다. 함양과 축적의 과정이 타인의 눈에 보여지는 과정이다. 이면적으로는 홀니스를 채워나가는 과정이다. 체성과 지성과 감성과 덕성과 영성을 키워 연결해 나가는 과정이다. 이 성숙과 연계의 과정은 본인만 알 수 있을 뿐, 타인의 눈에는 확인되지 못하는 과정이다. 스포츠 파이데이아는 밖에서 보면 스포츠 리터러시를 쌓아나가는 과정, 안으로 들여다보면 각자의 홀니스를 찾아나가는 과정이다. 스포츠를 활용하여 배우는 이의 교육지성을 최대한으로 되찾아 내는, 즉 온전한 사람으로서 성장시켜내는 과업이다.

스포츠 파이데이아로서의 스포츠교육은 결코 손쉬운 일차원적 성격의 일이 아니다. 오히려, 너무도 지난하고 힘겨운 일이다. 표면적 수준과 이면적 수준에서 동시에 일어나고 있음을 인식하고 인정해야 한다. 매일 매일의 힘든 지도과정에 있는 강사, 코치, 교사에게는 이것 자체가 이미 받아들이기 어려운 일이다. 이들의 입장에서는 표면만이 보일 뿐이고, 표면만이 중요할 뿐이다. 사실, 표면적 스포츠교육을 성취하는 것 자체도 결코 쉬운 일이 아니지 않은가? 운동능도 습득하기 어려운데, 운동지와 운동심까지, 그리고 이것들의 조화로운 융합적 함양이라니? 현실을 너무도 모르는, 아니 현실을 부정하고 외면하는 주장이지 않은가?

물론, 현장을 잘 모르는 대학선생의 빈소리라고 치부할 수도 있다. 하지만, 반대로, 지금 내가 하고 있는 일의 가치와 중요성을 새롭게 인식할 수 있는 새로운 관점으로 수용할 수도 있다. 스포츠교육을 하고 있는 우리 모두는 지금, 매우 심각하면서도 소중한 일들을 하고 있는 이들인 것이다. 스포츠 리터러시라고 하는 소중한 삶의 소양을 축적하고 발휘하여, 각자가 자신의 인생을 보다 행복하게 영위해나가도록, 또한 자신을 보다 온전한 사람으로 성장시켜 나가도록 돕는 일을 하고 있는 것이다. 단지 오락과 건강을 목적으로 운동기술을 가르치는 일에 그치는 것이 아니다.

스포츠교육을 보는 표면과 이면의 논리는 이 둘이 두 가지 (구별되나 분리되지는 않는) 다른 종류의 일이 아님을 시사한다. 표면적 스포츠교육과 이면적 스포츠교육은 서로 다른 두 가지 스포츠교육을 수행하는 행위가 아니다. 이 둘은 개념적으로는 구분되나 경험적으로는 분리되지 않는다. 경험적으로는 표면적 스포츠교육 행위만 있다. 표면적 스포츠교육을 제대로 진행하는 것이, 뒤에서 바라보면, 이면적 스포츠교육을 실천하는 것이다. 이면적 스포츠교육은 표면적 스포츠교육에 "실려서, 얹혀서, 묻혀서, 붙어서" 진행된다. 다만, 스포츠교육의 표면과 이면에 대한 이해를 지니고 있지 않으면, 표면적 차원의 교육이 전부라고 간주하고 실행해버리게 된다. 그러면, 이면적 차원의 교육을 의식도 못하고 실현도 잘 이루지 못하는 우를 범하게 된다.

아쉽게도, 우리 주변에서 통상적으로 실천되는 스포츠교육은 표면적 스포츠교육의 수준에 그치고 있다. 운동기술을 배워서 즐겁게 게임하고 시합하는 과정에 머물고 있다. 물론, 기술을 배우는 것만으로도 매우 기쁘고 값진 체험이 된다. 즉, 교육이 된다. 몸뿐만 아니라, 무엇인가 마음과 정신에도 남겨지는 것, 새겨지는 것이 있다. 그러니, 기능(운동기)만을 숙련해도 지식(운동식)과 정신(운동혼)이 따라온다. 고로, 표면적 스포츠교육이 성취되었다고 할 수 있다. 그러나 이것은 우연에 가깝다. 그것도 매우 운 좋은 우연이라고 할 수 있다. 교육은 우연적으로 일어나는 일을 필연적으로 일어나게 만드는 일이다.

현재 우리의 일상적 스포츠 가르치고 배우기(스포츠지도)가 스포츠교육으로 재개념화되도록 해야 한다. 그리고 가능한 스포츠 파이데이아로서의 스포츠교육으로 이해되고 실천되어야만 한다. 스포츠 리터러시를 기르면서 온전한 사람으로 성숙시키는 과정으로 인식하면서 스포츠를 가르치고 배우자. 표면적 스포츠교육을 제대로 실천하도록 최선을 다하자. 그것이 이면적 스포츠교육으로 다가가는 최선의 방도임을 분명히 깨닫자. 표면적 의미로 스포츠를 가르치지만, 이면적 의미를 지향하면서 그리하도록 하자. 스포츠 가르치고 배우기는 단순히 운동기술을 전수하는 일에 그치지 않음을 유념하자. 그것은 스포츠를 매개로 하는 엔키클리오스 파이데이아임을 명심하자.

Sport literacy와 Physical literacy 비교

2010년 이후 sport literacy(運動素養 SL)의 개념을 소개하고 발전시켜 오면서 서양에서 급격히 부각된 physical literacy(身體素養 PL) 개념과 혼동되는 경우가 생기고 있다. 또는 이 둘의 차이점을 궁금해 하고 문의하는 일이 늘어나고 있다. 이곳저곳에서 간단히 기술하였으나, 보다 본격적이고 구체적인 차이점들을 비교해본다(표 참조).

2000년대 시작과 함께 영국의 체육교육학자 마가렛 화이트헤드에 의해서 구안된 PL은 지난 20여 년간 서양 체육계에서 가장 주목받는 개념 중 하나가 되었다. 내용 자체는 크게 새로울 것이 없었으나 체육에서 지향해야 할 초점을 최신 트렌드에 맞추어 명확히 한 단어(개념)로 표현해 주었다. 영국, 캐나다, 호주, 미국 등은 물론, 중국, 싱가폴 등 아시아 국가들도 이 개념에 주목하여 학술적 연구와 정책적 활용에 박차를 가하기 시작하였다.

가장 최근 Ming Hui Li 등(2022)은 중국, 홍콩, 타이완 등 중화권 국가들에서 가장 빈번히 사용되는 체육소양, 신체소양, 체육소질, 신체소질 등 PL의 한문번역어 중 "신체소양"을 최적합 용어로 채택하였다[65]. 이런 합의가 작년에야 이루어진 것에 반하여, 나는 2010년 한국초등체육학회 하계학술대회에서 "운동소양의 함양: 전인교육을 위한 초등체육의 역할"에서 Sport Literacy라는 용어를 소개하고 "운동소양"(운동향유력)이란 한문표현을 채택하였다. 이후 철학과 개념, 그리고 실천 아이디어들에 대한 탐구를 지속하여 발전시켜오고 있다. 다만, 국내에서는

〈65〉 Ming Hui Li 등(2022). Operationally defining physical literacy in Chinese culture: Results of a meta-narrative synthesis and the Panel's recommendations. *Journal of Exercise Science & Fitness*, 20, 235-248

	Sport Literacy(運動素養)	Physical Literacy(身體素養)
개념정의	human capabilities that enable a person enjoy, that is, play, know, and feel sport well (신체활동을 잘 하고, 잘 알고, 잘 느낄 수 있는 자질, 즉 능·지·심으로 잘 향유할 수 있는 자질)	the motivation, confidence, knowledge and understanding to value and take responsibility for engaging in physical activities for life
핵심요소	sport competence, knowledge, and feelings (운동능, 운동지, 운동심: 능소양, 지소양, 심소양)	motivation, confidence, physical competence, knowledge and understanding (동기, 자신감, 신체능력, 지식과 이해력)
철학적 배경	Confucianism, Buddhism, Taoism, Michael Oakshott, Paul Hirst, Alasdair MacIntyre, Jacques Maritain, Ken Wilber, Howard Gardner, Peter Arnold(동양철학, 교육철학, 체육철학)	Monism, Phenomenology, Existentialism(서양철학)
핵심내용	Sport(movement, exercise, martial arts, sports, leisure, dance, play) (실천전통으로서의 스포츠)	physical activities (신체적 활동들)
인간관	Wholeness(whole person: physicality, intellectuality, emotionality, morality, spirituality. 체·지·감·덕·영성)	holistic, whole person (전인)
운동관	Whole Sport(기, 식, 혼)	various physical activities (여러 신체활동)
주요특징	humanities-oriented wisdom and experiences (literature, arts, religion, philosophy and history, 인문적 스포츠)	embodied experience, lifetime engagement (체화적 체험, 평생참여)

PL이 아직도 널리 소개되지 않고 명칭조차도 제대로 번역되지 못하고 있는 실정이다.

나는 2000년대 초반 SL의 개념과 명칭을 개발할 때, PL에 대하여 인지하고 참고는 하였다. 하지만, 그 체육교육철학에 대해서는 동의하지 않았기 때문에, 다른 용어와 개념을 채택하였다. 가장 먼저, 나는 체육(이하 스포츠 또는 스포츠교육)의 핵심이 "신체나 신체적인 것"이라고 생각하지 않는다. 스포츠교육의 핵심은 "신체활동"(스포츠, 운동, 댄스 등)이다. 그래서 스포츠/스포츠교육에서 목표로 하고 얻어내야 하는 최종적인 것이 "신체적인" 소양이라는 명명 방식보다는, "신체활동" 자체가 드러나야 한다고 생각한다.

더욱이 다양한 교육철학, 스포츠철학에 덧붙여, 동양철학적 사고방식이 "홀니스"의 개념을 구안하고 구체화하는 데에 활용되었다. 이 홀니스를 중앙에 놓고 특정한 교육관, 즉 실천전통교육관을 토대로 하여, 인간, 스포츠, 그리고 교육활동을 바라보는 독특한 관점을 체계화시켰다. PL의 철학적 배경과 중첩되는 부분이 있을 수도 있으나, 이 세 가지 핵심 요소를 모두 다루어야 하기 때문에 훨씬 더 넓은 철학적 토대를 바탕으로 하고 있다.

무엇보다도, 가르치는 내용으로서 다루는 신체활동(스포츠)의 특성을 "실천전통"의 개념으로 해석하는 것이 근본적 차별점이다. 화이트헤드의 PL개념은 신체가 중심이고 근본이기 때문에 내용으로서의 스포츠에는 깊은 의미가 담겨져 있지 않다. 신체활동이라고 하는 중성적인 존재, 신체적인 움직임에 불과할 뿐이다. 현상학이나 실존주의를 통해 인간신체에 대해서는 이와는 다른 시각으로 이해한다. 신체는 독자적이며 주체적, 주관적인 존재다. SL에서는 인간이 만들어 문화화된 신체활동에 규범적 가치와 의미를 부여한다. 그래서 호울 퍼슨과 호울 스포츠라는 용어를 사용한다.

사람을 보는 관점은 유사하다. PL은 심신이 조화로운 하나된 존재로 간주한다. 정신과 신체의 통일을 강조하며, 그동안 지식생산처로서 저평

가된 신체의 인식론적 가치를 되살린다. SL은 인간을 크게는 심, 신, 혼의 세 측면이 하나된 존재, 세부적으로는 체성, 지성, 감성, 덕성, 영성의 오성이 하나된 존재로 간주한다. 실천전통으로서 호울 스포츠의 올바른 내면화를 통해서 호울 퍼슨으로 성장하게 된다. 스포츠교육을 통해서 가르치는 이도, 배우는 이도 오성이 합치된 호울 퍼슨으로 성숙해지는 과정을 맛보게 된다.

PL의 요소와 SL의 요소는 표면적으로는 엇비슷해 보인다. PL은 동기, 자신감, 신체능력, 지식과 이해력을, SL은 운동능, 운동지, 운동심을 설정한다. 이것은 그동안 우리에게 익숙한 인지적, 심동적, 정의적 영역의 역량이나 자질과 유사한 구분이다. 세부 요소들의 종류에도 차이가 있으며, 근본적 관점에도 차이가 있다. PL은 이 핵심 요소들의 근원은 배우는 이라고 가정한다. 현상학, 체화적 경험, 실존주의 등에서 당사자의 살아있는 체험을 강조하기 때문이다. SL에서는 배움의 근원은 신체활동 자체, 즉 스포츠에 있다고 가정한다. 배우는 내용이 핵심적으로 중요하다.

마지막으로, PL은 "평생 동안 신체활동을 가치롭게 여기고 실제 참여하는 것"을 목표로 하는 반면, SL은 "신체활동을 즐길 수 있도록, 그 체험이 자기성장이 될 수 있도록, 그리하여 행복한 삶을 살 수 있도록 돕는 것"이다. PL은 평생 동안 하는 것이 알파요 오메가다. SL은 다양하게 즐길 수 있도록 돕는 것이다. 하는 것, 아는 것, 느끼는 것. 이 모든 것들을 바탕으로 자기성장과 공동행복을 지향하는 것이다. 첫 번째 것이 중요하지만, 그것이 뒤의 두 가지를 불러오지 않으면 그것은 가장 낮은 수준의 SL이다.

사실, 이 책에서 설명한 내용들을 통해서 이러한 차이점에 대한 설명이 어느 정도는 되었으리라고 기대한다. 여기서는 다만, 직접적으로 차이점과 유사점을 살펴본 것이다. 나는 개인적으로는 SL과 PL은 유사점보다는 차이점이 더욱 두드러진다고 생각한다. 이것은 내가 동양인이며 교육철학을 근간으로 하며, 무엇보다도 스포츠라고 하는 콘텐츠, 가르치는 내용을 바라보는 시각이 완전히 상이하기 때문이다. 스포츠를 실천 전통의 관점, 즉 문화활동이자 문화현상으로 이해하면서 스포츠교육을 실천하는 것은 그렇지 않은 것과 큰 차이를 만들어 낸다.

이것이 SL의 독창적인 특징으로서 "인문적 스포츠"라는 관점을 채택하게 만든다. 스포츠 리터러시(sporacy)는 인문적 스포츠교육을 통해서 보다 온전히 가르쳐질 수 있게 된다. 스포츠의 인문적 차원과 측면들이 배우는 이에게 흠뻑 적셔지고 잔뜩 채워져야만 (즉, 호울 스포츠가 체험 되어야만) SL이 온전히 갖추어질 수 있다. 물론, 기능적 성과를 위해서 과학적 스포츠도 당연히 접목되지만, 여기에 반드시 인문적 스포츠가 함께 향유되어야만 하는 것이다. 이런 이유로 스포츠 리터러시 교육론 은 인문적 스포츠 교육론의 한 사례라고 할 수 있다.

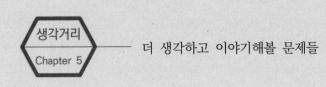

생각거리
Chapter 5

더 생각하고 이야기해볼 문제들

01 사람의 "홀니스"全人性, 全體性, 全一性를 되찾도록 하는 스포츠교육은 어떻게 이루어질 수 있는가?

02 스포츠교육이 최고의 평생교육이라고 주장할 수 있는 근거를 자유교양교육의 아이디어에서 찾을 수 있는가?

03 스포츠교육자는 우리 사회에서 최고의 "평생교육자"로 우뚝 설 수 있는가, 있다면 어떠한 근거에서 가능하며 그를 위한 조건은 무엇인가?

요약 문답

Q1. 스포츠 리터러시 교육론이 기반하고 있는 교육철학과 스포츠철학은 무엇인가?

스포츠 리터러시 교육론은 교육철학적으로는 인문적 자유교양교육철학liberal arts education과 실천전통교육관을 기반으로 하고 있다. 스포츠철학적으로는 스포츠를 실천전통의 하나로 이해하는 인문적 스포츠철학론에 연계하여 스포츠의 존재론적 가치를 확보하고 있다. 배우는 사람이 하나의 온전한 성인으로서 이 세상에서 살아가려면 반드시 체험해야만 하는 한 가지 인간의 문명된 활동(문화)으로서의 의의를 확립한다. 스포츠는 과학적 차원과 인문적 차원으로 그 전모가 이루어져있으며, 실천전통으로서의 스포츠는 인문적 스포츠의 차원에 보다 주목한다.

Q2. 스포츠 리터러시 교육론의 교육적 계보와 스포츠교육적 계보는 어떠한가?

스포츠 리터러시 교육론은 교육철학, 실천이론, 그리고 교수모형의 연쇄적 관계를 이루고 있다. 교육철학적으로는 인문적 자유교양교육철학, 실천전통교육관, 그리고 "인문적 자유교양체육(스포츠교육)철학"liberal physical/sport education의 바탕 위에 서있다. 구체적으로 어떠한 스포츠교육의 목적과 내용과 방법론 위에서 이것을 구현할 것인지를 일관성 있는 개념적 체계로 가다듬은 실천이론이 스포츠 리터러시 교육론Sport Literacy

Pedagogy이다. 그리고 이 실천이론을 학교체육, 생활체육, 전문체육 및 기타 현실과 현장 속에서 구체적으로 실천하는 모형으로 하나로 교수법 Hanaro Pedagogy이 개발되어있다.

Q3. 스포츠 리터러시 교육론에서 견지하는 스포츠교육의 개념은 무엇인가?

스포츠 잘 가르치기에 관한 한 가지 개념적 설명체계인 스포츠 리터러시 교육론에서 스포츠교육은 "신체활동을 즐길 수 있도록, 그 체험이 자기성장이 될 수 있도록, 그래서 행복한 삶을 살 수 있도록 돕는 노력"으로 정의한다. 신체활동을 가르치고 배우는 전체적인 과정을 다루는 스포츠교육의 핵심은 운동향유, 자기성장, 공동행복이다. 스포츠 리터러시 교육론에서는 "운동, 자기, 공동체" 각각과 "향유, 성장, 행복" 각각에 대하여 다른 교육론과는 구별되는 특징적인 이해를 지니고 있다.

Q4. 스포츠 리터러시 교육론에서 주장하는 교육내용, 방법, 목적은 각각 무엇인가?

스포츠 리터러시 교육론에서 주장하는 스포츠교육의 내용, 방법, 목적은 각각 여러 차원들로 구성된다. 우선 스포츠교육의 내용은 7가지로 분류되는 전형적 스포츠 활동들인데, 보다 세밀하게는 이 활동들을 구성하는 3대 요소인 "기·식·혼"이다whole sport. 교육방법은 직접교수방법과 간접교수방법을 모두 포용하며, 테크닉(기법)과 퍼스닉(심법)의 개념으로 가르치는 이의 인간적 자질을 강조한다whole coaching. 교육목적은 습득, 개발, 성숙의 세 층위로 구분하여 추구하며, 배우는 이가 호울 스포츠를 지속적으로 내면화해 나감에 따라 조금씩 더 온전한 사람whole person으로 성숙해지고 조금씩 더 행복한 삶whole life을 만들어나가는 것을 지향한다.

Q5. 스포츠 리터러시 교육론에서 주장하는 스포츠교육이 제대로 이루어진 상태는 어떻게 알 수 있는가?

배운 사람 본인이 좋아하는 다양한 방식으로 그 스포츠를 즐길 수 있는가가 첫째 기준이다. 즐기게 된다는 말은 잘 하고, 잘 알고, 잘 느낄 수 있는 자질인 운동소양이 조금이라도 함양되었다는 것을 의미한다. "잘 하게 되는 것"이 유일한 잣대가 아니다. 잘 하고 잘 알고 잘 느끼게 된 것들 모두가 기준이다. 능, 지, 심 이 세 가지 요소들을 통합하여 판단할 수 있는 가장 간단한 기준은, (농구를, 축구를) (능, 지, 또는 심으로) "좋아하게 되는 것"이다. (능으로만) 잘 하게 되는 것이 아니다.

Q6. 스포츠 리터러시 교육론에서 가르치는 이에게 가장 중요한 자질은 무엇인가?

스포츠교육의 내용, 방법, 목적에 그대로 반영되어 있듯이, 스포츠 리터러시 교육론에서 교육자는 매우 중요한 역할을 담당한다. 스포츠교육자는 단순한 기술전수자에 그치지 않는다. 배우는 이를 스포츠 세계에 입문시키는 안내자이며 대리인이다. 이 안내와 인도의 과정에서 담당자의 "사람됨됨이"(인성, 인품, 인격)는 가장 중요한 교수자질이다. 운동기능이 뛰어난 것, 또는 전문교수법을 훈련받은 것보다도 더 중요하다. 스포츠교육자의 사람됨을 함양시키는 것 자체가 바로 뛰어난 스포츠 교수법을 발휘하도록 하는 근본적인 조처 가운데 하나다. 교수 테크닉은 교수 퍼스닉에 의해서 효과를 발휘한다. 스포츠교육자의 전문성 함양을 위하여 스포츠를 소재로 한 문학, 예술, 종교, 역사, 철학 등의 작품들을 꾸준히 섭취하도록 강조하는 이유가 바로 이것이다. 인문적 지혜는 사람됨됨이를 깊게 한다.

Q7. 스포츠 리터러시 교육론을 한 문단으로 정의한다면 어떻게 표현할 수 있는가?

스포츠 리터러시 교육론은 스포츠교육의 삼위일체를 추구한다. 가장 포괄적인 수준에서 말하여, 스포츠교육은 "배우는 이들에게 호울 스포츠

를 제대로 가르쳐서 호울 퍼슨으로 성숙하도록 도와 호울 라이프를 영위하도록 안내하는 노력"이다. 이것을 가늠하는 척도로서 "스포츠 리터러시"sporacy(운동소양, 운동향유력)라는 개념이 핵심적이다. 호울 스포츠를 배웠다는 증거가 스포츠 리터러시라는 아이디어로 대표되기 때문이다. 스포츠 리터러시는 인문적 자유교양체육의 교육적 척도다. 배우는 이가 스포츠 리터러시를 올바로 함양하면, "호울 스포츠—호울 퍼슨—호울 라이프"의 삼위일체가 성취되어질 가능성이 높아진다.

Q8. 스포츠 리터러시 교육론과 기존 스포츠교육론의 가장 큰 차이점은 무엇인가?

학교체육, 생활체육, 전문체육을 막론하고 현재의 지배적 스포츠교육론들은 거의 대부분 신체활동을 "잘 하는 것"에 초점을 맞춘다. 스포츠 리터러시 교육론은 신체활동을 "즐기는 것"에 초점을 맞춘다. 수행과 향유는, 약간의 접점은 있을 수 있으나, 매우 다른 방향성을 지향한다. 하는 것은 스포츠를 즐기는 한 가지 방식에 불과하다. 호울 스포츠는 수많은 방식으로 즐길 수 있다. 능향유, 지향유, 심향유는 그 전체를 세 가지로 크게 분류한 것이고, 15+ 향유는 가장 일반적인 15가지 방식과 그 이상을 나타낸다.

Q9. 스포츠 리터러시 교육론은 학교체육, 생활체육, 전문체육에 어떻게 공히 적용될 수 있는가?

이 세 가지 체육의 구분은 작위적이고 임의적인 것이다. 우리는 행해지는 스포츠의 강도와 맥락에 의존하여 이 셋을 관습적으로 구분해왔다. 그렇지만 체육이 어떤 맥락에서 어떤 모습으로 진행되더라도 일관되게 공통적인 특징이 한 가지 있다. 그것은 스포츠를 가르치고 배우는 과정이다. 스포츠를 지도하는 활동은 모든 종류의 체육의 기본이 되며, 이로 인해서 우리는 스포츠교육으로 통일해서 지칭할 수 있는 것이다. 지금까지는 스포츠 가르치고 배우는 과정에 대한 개념적 이해를 세 종류로 나누어서 편리하게(편협하게?) 진행해왔으나, 권역에 상관없이 일관되게 적용할 수 있는 통합적인 스포츠교육론의 필요성이 높아졌다. 이를 위하여 "스포츠 가르치고 배우는 과정"을 운동기능 전수와 습득을 최종목적으로 하는 훈련이나 강습보다는, "교육"으로 보고자 하는 의도와 기대가 필요하다.

물론, 이때 말하는 교육은 여러 종류의 과정들(즉, 훈련이나 강습)을 포함하는 다층적인 개념으로 간주된다. 교육은, 낮은 차원의 성과들도 포함하지만, 더 나아가 보다 높은 차원의 이상을 추구하는 행위로서 스포츠 가르치기와 배우기가 훈련, 건강, 오락보다도 높은 차원 인간 활동으로 인정받을 수 있어야만 한다. 단순히 기술을 단련하거나 체력을 증진하거나 스트레스를 해소하거나 즐거운 시간을 갖는 것에 그치지 않아야 한다. 자신을 개발하거나 스스로 성숙해지는 과정과 활동, 즉 교육의 과정과 행위로서 재발견되어야만 한다. 스포츠 리터러시 교육론은 학교체육, 생활체육, 전문체육을 근본부터 본질적으로 다루어 이전과는 다르게 바라보고 하나의 교육적 관점 속에서 일관성 있게 이해할 수 있도록 도와준다.

Q10. 스포츠 리터러시 교육론에서 지향하는 인문적 자유교양체육이란 어떤 것이며 추구할만한 가치가 있는가?

스포츠는 주로 도구적이고 수단적인 이유로 사람들로부터 인정받아왔다. 건강, 오락, 전쟁, 수입 등의 외재적 목적 추구의 적극적 도구로서 환영받아왔다. 하지만, 스포츠는 그 이상의 존재론적 가치를 지니는 인류의 훌륭한 문화적 산물이다. 스포츠교육은 그 측면을 보다 더 주목해야만 한다. 그래야만, 스포츠(또는 체육)라는 인간 삶의 중요한 분야에 대한 사회적 의의나 지위가 보다 더 견고하고도 높게 확립되기 때문이다. 스포츠가 동네 편의점에서 손쉽게 아무 때나 구입할 수 있는 저렴한 물건으로만 간주되어서는 안된다. 스포츠는, 하위징아가 갈파한바, 인류 문명을 있도록 한 호모 루덴스의 원초적 문화본능이 만들어낸 인간 최고의 문화유산이다.

자유교양체육이란 아이디어는 자유교양교육의 철학을 체육 분야로 확장시킨 것이다. 사람들은 스포츠를 체험하고 배움으로써 보다 더 자유로운 상태로 성숙할 수 있게 된다. 자유교양교육은 역사, 철학, 문학, 예술

등 인문적 지식교육만으로 충분한 것이 아니다. 제대로 된 자유교양교육은 체육을 필수적으로 포함해야 한다. 고대 희랍과 중국에서는 이미 그 점을 간파하고 귀족자녀들의 핵심 교육내용으로 삼았다. 현대 사회에서는 그 사실이 멸절되어버렸다. 스포츠의 자유교양교육적 가능성을 인정하거나 관심 갖는 이들이 거의 없다. 인문적 자유교양체육(스포츠교육)은 스포츠 체험과 배움을 인문적 방식으로 실천함으로써 스포츠교육을 통한 인간 성숙(즉, 올바른 사람으로의 제대로 된 성장)을 이루어내려고 한다.

스포츠 리터러시 교육론에 관한 이해를 넓히고자 하는 분들은 졸저 『스포츠 리터러시』(2018), 『스포츠 리터러시 에세이』(2021), 『한 장 글쓰기』(2020), 『코칭이란 무엇인가?(제2판)』(2018), 그리고 인문적 스포츠철학에 관하여 더 알고 싶은 분들은 역시 졸저 『가지 않은 길1, 2, 3』(2015, 2010, 2016)을 참조하시기 희망한다.

스포츠 잘 가르치기

1

무슨 일이든지 그것을 해내는 방법에는 두 가지가 있다. 쉬운 방법과 어려운 방법, 또는 단순한 방법과 복잡한 방법이다. 가능한 쉽고 단순한 방법을 선호하는 것이 인지상정이다. 복잡하고 어려운 방법은 피하려는 것이 인간본능이다. 전자는 편하다는 이점이 있다. 빠르다는 장점도 있다. 편하고 빠르게 원하는 것을 얻는 것. 이것이 바로 방법의 목적이자 이유가 아닌가. 방법이란 모름지기 신속과 편리의 미덕을 갖추어야 하는 것이다. 하지만, 옛말에 "싼 게 비지떡"이라 했지 않았는가. "쉽게 온 것은 쉽게 떠난다"라는 서양 속담도 있다. 쉽고 빠른 성과는 표피적이고 단기적인 단점이 항상 따라다닌다.

"가르치기"를 대하는 우리의 태도도 쉽고 빠른 쪽으로 기울기 십상이다. 누구든 가르치는 법을 빨리 숙달하고 싶고, 가능한 더 빠르게 잘 가르치고 싶은 것이다. 그리고 사실, 세상에는 그럴 수 있다는 묘방이 넘쳐흐른다. 이런 모형, 저런 방법 등등이 사방팔방에서 제안되고 실행되고 있는 것이다. 업그레이드된 신형 핸드폰 모델의 출시보다 훨씬 더 빠른 속도로 새로운 교수방법들이 등장하고 있다. 그러나, 어떤 특정 방법도 아이폰이나 갤럭시폰처럼 가르치기 시장을 독점하는 상황은 전개되고 있지 않다. 기대하는 만큼의 묘책은 못 되는 것이다.

이리하여 우리는 어렵고 복잡한 방법에 눈길을 돌리지 않을 수 없다. 쉽고 단순한 해결책은 결국 문제의 근본에는 다다르지 못하고 표면만 긁적거려 줄 뿐이니까. 피부를 긁는 것만으로 계속되는 가려움증이 치료되지는 않지 않는가. 그 순간의 감각만 잠시 가라앉혀 줄 뿐이지 않은가. 피부과 전문의를 찾아가 제대로 된 진단과 처방을 받아, 꾸준히 오랫동안 치료를 해야만 사라지게 될 가능성이 높지 않은가. 그런 노력에도 불구하고 완치는 사실 쉽지 않고 재발의 위험이 항상 도사리고 있지 않은가.

그래서 우리는 어렵고 복잡한 방법을 고민하지 않을 수 없다. 가르치는 일, 특히 잘 가르치는 일은 그만큼 가치로운 일이며, 가치로운 만큼 많은 노력과 관심과 시간과 투자를 필요로 하기 때문이다. 그리고, 단순한 표면적 이해를 넘어 가르치기의 근본적인 차원에 대한 이해를 동반해야 하기 때문이다. 나는 이 작은 책에서 그 일을 해보려고 하였다. 잘 가르치기를 위해서 근본적 이해가 필요한 몇 가지 주제에 한하여 개념적으로 헤쳐 보았다. 그것을 "스포츠 리터러시 교육론"이라는 특정 접근을 중심으로 들춰본 것이다.

———
2

잘 가르치는 방법에는, 세상의 다른 모든 것들과 마찬가지로, 근본적으로 중요한 세 요소가 존재한다. 그것은 "무엇을, 왜, 어떻게" 가르치는가다. 이 세 요소들이 왼쪽에 왜, 오른쪽에 어떻게, 그리고 가운데에 무

엇이 위치하는 일직선을 한 번 그려보라(왜—무엇—어떻게). 그렇다. 이
것들은 가르치기의 "목적—내용—방법"이다. 통상적으로는 가장 먼저 목
적에 대해서 말하고, 내용을 이야기하며, 마지막에 방법에 대해서 언급
한다. 나는 이 순서를 뒤틀어서 목적이 아니라, 내용부터 이야기하고,
다음 방법, 그리고 마지막에 목적에 관해서 다루었다.

"잘 가르치는 일"의 출발은 내용이고 종착은 목적이라고 천명한 것이
다. 요즘 쓰는 표현을 살짝 빌려보면, "방법은 거들 뿐이다." 물론, 이 셋
은 모두 다 중요하다. 열 손 가락 중 안 아픈 손가락이 있을까? 주목해
야하는 것은 중요도와 순서다. 잘 가르치는 데에 요청되는 방법과 목적
은 모두 내용에 숨어있다. 내용의 본질에 대한 이해가 가장 우선적이며
가장 중요하다는 것이 내가 의지하는 실천전통교육관의 기본 전제다. 근
본원리다. 방법은 내용의 본질에 맞도록 선택하고 채택하는 것이다. 단
지, 가르치는 사람이라는 매체를 통해야 한다는 제한이 있을 뿐이다. 목
적은 내용의 본질을 구현하는 것, 그 이상도 이하도 아니다. 단지 그 목
적의 효과가 배우는 이의 몸과 마음과 영혼에 드러날 뿐이다.

가르치는 일을 어렵고 복잡하게 대하는 것, 이것이 잘 가르치기 위한
첫걸음이다. 가르치는 일을 겸손하고 진지한 마음으로 대하는 것이 잘
가르치고 싶은 사람이 갖춰야 하는 초심이다. 왜냐하면, 가르치는 일은
그만큼 가치롭고 훌륭한 인간의 유산이기 때문이다. 이런 일은 간단한
요령과 기술을 익힌다고 완성되지 않는다. 여러 단계에 걸친 기법적 요
령과 기술을 숙달하는 것은 물론이고, 심법적 태도와 철학을 숙성시켜야
만 한다. "가르치기"와 구별되는 "잘 가르치기"는 전자로 출발하되 반드

시 후자에 도착해야만 한다.

내가(그리고 굳건히 여기까지 읽어온 독자가) 이 책에서 하려고 한 일이 바로 이 후자로의 여정을 위한 첫걸음이다. 어렵고 복잡한 길에 첫발을 들여놓은 것이다. "잘 가르치기"는, 겉보기와는 달리, 어떻게보다는 무엇과 왜에 대한 관심이다. 또한, 상식적이고 기법적인 표층의 대답 찾기 보다는, 근본적이고 철학적인 심층의 질문 제기이다. 니체는 "살아가는 목적을 분명히 알고 있다면, 어떤 방법으로도 살아낼 수 있다"고 하였는데, 이유가 방법보다 중요한 점을 극명히 보여주고 있다. 니체는 그냥 살아가는 것이 아니라, 잘 살아가는 목적을 의미했음이 틀림없다. 참으로, 방법은 그저 거들 뿐이다.

결국 "잘 가르치기"에서 "잘"이라고 하는 수식어의 의미를 해석하는 것이 핵심 중의 하나다. 통상적으로 우리는 "잘"이라는 말을 두 가지로 풀이한다. 나는 그 각각을 "다대고 잘"과 "진선미 잘" 이라고 불러왔다. "잘 산다"고 할 때, 우리는 두 가지 상황을 상정한다. 우선, 금전적, 사회적, 권력적으로 잘 사는 것이다. 돈이 많고, 대형차를 타고, 고층 아파트에 사는 잘 사는 것이다. 다른 한편, 돈이 적고, 소형차를 타고, 산동네 빌라에서 살지만, 자신의 일을 올바로 해내려 하고, 자연의 아름다움에 감사하며, 주변 사람들을 먼저 생각하고, 사회를 좀 더 나아지도록 애쓰며 사는 것이다. 전자가 다대고 多大高 잘삶, 후자가 진선미 眞善美 잘삶이다.

물론, 현실의 삶은 이 두 가지 잘삶이 어우러지는 삶이다. 마치 음과 양의 조화로움으로 태극을 만들어 내듯이 말이다. "잘 가르치기"도 역시 다대고 잘 가르침과 진선미 잘 가르침이 역동적 균형을 이루면서 태극 잘 가르침(나는 이 책에서 이러한 가르침을 호울 코칭, 호울 티칭이라고 줄곧 이야기해왔다)을 펼쳐내는 것이다. 안타깝게도 현실의 대부분은 다대고 잘 가르침으로 치우쳐져 결과가 얻어지지만 말이다. 이 책은 그러한 기울어짐이 극대화되지 않도록 뭐라도 해야겠다는 나만의 발버둥이라고도 할 수 있다. 호울 코칭은 잘 가르치기, 그리고 가르치기에 대한 근본적 성찰을 발화점으로 한다.

근본적 성찰의 주제가 되는 것들은 내용, 방법, 목적, 가르치는 이, 배우는 이 등등이다. 배움의 내용이 되는 신체활동은 무엇인가? 스포츠, 엑서사이즈, 댄스는 어떤 신체활동인가? 가르치는 행위는 무엇인가? 가르치는 이는 어떠한 사람이어야 하는가? 배움이라는 것은 어떤 상태를 말하며, 그것은 어떻게 가능한가? 등등의 본질적인 질문들을 떠올려야 한다. 조금 어려운 표현으로 하자면, 인간론, 목적론, 존재론, 인식론, 윤리론, 예술론 등등의 철학적 관점들이 관여되어 있는 질문들을 맞대해야만 한다. "잘 가르치기"의 과정은 스포츠교육자가 철학적으로 되는 과정이다.

3

이러니, "잘 가르치기"에 대해서 어렵고 복잡한 방식을 피할 수가 있겠는가? 잘 가르치는 일을 다대고와 진선미의 두 방식 모두로 이해하고 실행하고 싶다면, 도저히 회피할 수가 없는 접근 방식인 것이다. 진선미 잘 가르치기에 관심을 쏟고 그 방식을 더욱 깊게 파고들기를 실행하는 방도는 수없이 많다. 나는 여기서 내가 선호하고 선택한 한 가지를 독자들에게 맛보여 준 것이다. 추측건대 그 맛이 달콤하거나 달달하지는 않았을 것이다.

오히려 시거나 짜거나 맵거나, 또는 삼키기 힘들 정도의 쓴 맛이었을 수도 있다. 그것은 오로지 요리사의 탓이다. 재료의 탓이 아니다. 스포츠 가르치기와 관련하여 이 책에서 다룬 내용들은 모두 잘 가르치기를 추구하는 이에게는 최우선적 중요성을 갖는다. 재료는 최고급이었으나 그것으로 맛난 요리를 만들어 내지 못한 요리사가 잘못이다. 독자들은 부디 나 말고도 이 일을 해온, 현재 하고 있는 다른 이들의 작업들을 살펴보시길. 내가 이 책 각주에 소개한 연구들이 그 출발점으로 도움을 줄 수 있을 것이다.

그리하여 독자 여러분 각자가 본인의 입맛을 만족시키는 요리를 스스로 해낼 수 있게 되기를. 나는 그 길을 먼저 걸은 한 사람으로서 그 도정에서 찾은 요리법을 여러분에게 소개해 드린 것이다. 그 요리는 "스포츠 리터러시"이며, 그것을 낳은 요리법은 "인문적 스포츠교육론"이다. 이것은 양식도, 중식도, 일식도 아니다. 전통적 한식도 아니다. 다만, 충분히 세계인의 입맛을 만족시킬 가능성이 있는 국제화된 한식이라고 할 수 있다.

뛰어난 요리사는 기술이 좋다. 훌륭한 요리사는 기술과 함께 철학이 있다. 스포츠 가르치기의 훌륭한 요리사가 되기를 희망하는 예비 스포츠 셰프, 이미 스포츠 가르치기라는 요리를 만들고 있는 스포츠요리사들이

이 점을 명확히 인식해 주기를. 그리하여 자신만의 요리 맛을 찾기를. 그 것에 하나 더 바라오니, 스포츠교육자로서 자신이 그토록 좋아하는 일, 평생 동안 하고 싶은 일, 그 일을 통해서 스스로 행복해지고, 또 다른 이들이 행복해지도록 돕고 싶은 이들에게 스포츠 리터러시와 인문적 스포츠교육론의 레시피가 그 맛을 더해주기를!

찾아보기

(ㄱ)

간접 교수	109
개발	56
게임스포츠	74
공동행복	24
교사교육	86
교수	75
군자불기	162
기·식·혼	67
기법	91

(ㄴ)

내재적 목적	116
내재적 방법	85
능향유	19

(ㄹ)

루두스	120

(ㅁ)

매너	91
문질빈빈	162
문화활동	72

(ㅂ)

반려운동	139
빌둥	109

(ㅅ)

성숙	34, 64
성장조건	36
스타일	92
스포츠 가르치기	16
스포츠 리터러시	18
스포츠 리터러시 교육론	18
스포츠 파이데이아	10, 143
스포츠 페다고그	74, 146
스포츠교육	19
스포츠교육론	17
스포츠교육전문가	7
스포츠군자	162
스포츠셰프	187
스포츠코칭	111
습득	17, 20
신체소양	18
신체활동	16, 23
신체활동 스펙트럼	57
신체활동 즐기기	26

실천전통   9
실천전통교육관   67
심법   93
심향유   19

(ㅇ)

에듀케이팅   9
오성   30
외재적 목적   116
외재적 방법   85
운동능   19
운동소양   18
운동심   19
운동지   19
운동향유력   18
인문적 스포츠   39, 40
인문적 스포츠교육론   39, 187
인문적 체육교육   40

(ㅈ)

자기성장   24
전수   90
지향유   19
직접 교수   109

(ㅋ)

칼로카가티아   137

(ㅌ)

테크닉   64, 92

(ㅍ)

파이데이아   145
패러다임   39
퍼스닉   93
피지컬 리터러시   19

(ㅎ)

하나로 수업   40
하나로 코칭   110
행복조건   36
향유조건   36
호울 스포츠   62, 64
호울 코칭   102, 103
호울링   132
홀니스   110

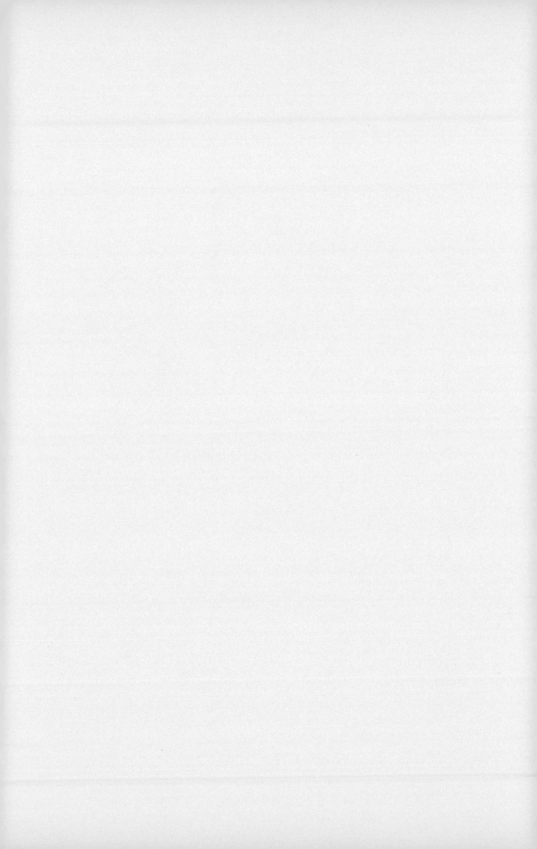